Verdi: Un Ballo in Maschera

Opera en Tres Actos

Traducción al Español y Comentarios
por E. Enrique Prado

Libreto de Antonio Somma

Jugum Press

ISBN-13: 978-1-939423-77-1
ISBN-10: 1-939423-77-5

Estudio de Compositor Giuseppe Verdi
de Wikimedia Commons – en.wikipedia.org
(en el dominio público en los Estados Unidos y otros países)

Impreso en los Estados Unidos de América
Publicado por Jugum Press
www.jugumpress.com

Edición y diseño:
Annie Pearson, Jugum Press
Consultas y correspondencia:
jugumpress@outlook.com

Índice

Prefacio ❧ Un Ballo in Maschera

Giuseppe Verdi tuvo enormes problemas con la censura para estrenar *Un Ballo in Maschere ("Un Baile de Máscaras" en Italiano)*. Toda Europa estaba inmersa en revoluciones y en el Reino de Nápoles, para el que se había previsto el estreno, estaba prohibido representar en escena la muerte de un soberano. En efecto, aunque la obra se inspira en el hecho real de la muerte del rey Gustavo III de Suecia, la acción hubo de ser trasladada a las colonias Inglesas de Norteamérica (Boston) y el rey convertido en el Gobernador Inglés de la Colonia.

El libreto en tres actos es obra de Antonio Somma, basado en la ópera *Gustave III* (1833), con música de F. Daniel Esprit Aubert y letra de A. Eugène Scribe. Antes que Verdi, la historia de Gustavo III ya había atraído a otros compositores: Vincenzo Gabussi con su *Clemenza di Valois* (Venecia, 1841) o *Mercadante con Il Reggente* (Turín, 1843).

Aunque *Un Ballo in Maschere* no representa un avance en la producción Verdiana, es una de las óperas mejor estructuradas y equilibradas del compositor roncales, donde la acción se mantiene fluida y continua durante toda la obra, sin que exista ningún pasaje excesivamente largo.

Traducción y comentarios por
E. Enrique Prado Alcalá

Sinopsis ∾ Un Ballo in Maschera

La escena tiene lugar en Boston EE.UU durante los últimos años del siglo XVII.

ACTO I

Ricardo de Warwick, Gobernador de Boston se encuentra en audiencia con sus ministros y oficiales entre los que se encuentran Samuel y Tom que están conspirando para darle muerte. Llega Oscar el paje y le muestra al gobernador la lista de los invitados al gran baile de máscaras que próximamente se celebrará. Amelia esposa de Renato el fiel secretario de Ricardo se encuentra entre los invitados.

Ricardo se encuentra secretamente enamorado de Amelia, lo cual le crea una enorme culpa por tratarse de la esposa de su fiel amigo. Llega uno de los jueces solicitando la expulsión de una mujer de raza negra de nombre Ulrica acusada de practicar la brujería, ante esto Oscar el paje la defiende y ante la situación, el Gobernador decide visitar a la acusada disfrazado de marinero para decidir qué hacer.

Cuando llegan a la cabaña de Ulrica, la encuentran vaticinando honor y riqueza a un marino de nombre Silvano que se encuentra al servicio de Ricardo. Un sirviente de Ulrica le dice en forma discreta que Amelia está por llegar a consultarla ante lo cual la hechicera pide a la concurrencia que salgan y la dejen sola. Llega Amelia y le confiesa que se encuentra enamorada secretamente de Ricardo y le pide un remedio para que le quite ese sentimiento. Esto lo ha escuchado Ricardo que no salió dela cabaña.

Ulrica le dice a Amelia que le va a preparar una poción con hierba que crece en el cadalso y que debe de recoger a la media noche y una vez que la tome desaparecerá ese insano amor. Amelia se retira. Entra Ricardo y le muestra su mano a Ulrica que se asusta al verla y le predice que él va a morir a manos de su primer amigo que le estreche su mano. En eso llega Renato y estrecha la mano de Ricardo quien se ríe de la profecía.

Acto II.

A la media noche Amelia llega al cadalso a recoger la hierba para la poción, Ricardo aparece y le confiesa su amor y ella le dice que es correspondido. Se escuchan pasos aproximándose, Amelia se cubre el rostro con su velo y llega Renato y le dice a Ricardo que huya porque vienen los conspiradores a darle muerte. Ricardo se retira y llegan Samuel y Tom y la obligan a mostrar su rostro ante el horrorizado de Renato.

Acto III.

Ya en su casa Amelia le ruega en vano a Renato ser perdonada ya que no cometió ninguna falta, llegan los conspiradores y deciden junto con Renato que mediante un sorteo decidirán quién de los tres dará muerte al gobernador durante el baile de máscaras. Amelia retira de una urna uno de los papeles que contiene el nombre de Renato quien será el encargado de perpetrar el asesinato.

Durante el baile Renato descubre cual es el disfraz que porta Ricardo y entonces lo apuñala, y antes de morir, Ricardo exculpa a Amelia y promueve a Renato a un importante puesto en Inglaterra.

FIN

୫

Reparto ୫ Un Ballo in Maschera

RICARDO, Conde de Warwick, Gobernador de Boston — Tenor

RENATO, Secretario de Ricardo — Barítono

AMELIA, Esposa de Renato — Soprano

ULRICA, Adivina Negra — Contralto

ÓSCAR, Paje de Ricardo — Soprano

SILVANO, Un Marinero — Bajo

SAMUEL, Conspirador — Bajo

TOM, Conspirador — Bajo

La acción tiene lugar en Boston (EE.UU),
colonia inglesa, a finales del siglo XVII

Libreto ᛒ Un Ballo in Maschera

Acto I

ESCENA 1

Una sala en la casa del Gobernador.
Es de mañana. Diputados, burgueses, ciudadanos, oficiales, en primer término;
Samuel, Tom y sus secuaces, todos a la espera de Ricardo.

OFICIALES, CORO

Posa in pace,
a' bei sogni ristora,
O Riccardo, il tuo nobile cor.
A te scudo su questa dimora
Sta d'un vergine mondo l'amor...

1. Descansa en paz, oh Ricardo,
    y que bellos sueños
    reconforten tu corazón.
    Como escudo tuyo sobre esta morada
    está el amor de una tierra virgen...

SAMUEL, TOM, SECUACES

E sta l'odio che prepara il fio,
Ripensando ai caduti per te.
Come speri, disceso l'oblio
Sulle tombe infelici non è...

2. Y está el odio que prepara el castigo,
    por los que han caído por tu culpa.
    No nos hemos olvidado.
    Sobre sus infelices tumbas, no...

(Entra Óscar.)

ÓSCAR

S'avanza il conte.

3. Viene el Conde.

RICARDO

Amici miei... Soldati...

(Saludando a los presentes)

4. Amigos míos... Soldados...

(A los diputados, recibiendo peticiones.)

E voi del par diletti a me! Porgete:
A me s'aspetta; io deggio
Su' miei figli vegliar, perchè sia pago
Ogni voto, se giusto.

¡Vosotros, queridos míos! Dádmelas:
A mí me corresponde
debo velar por mis hijos,
para satisfacer todo deseo, si es justo.

RICARDO

Bello il poter non è, che de' soggetti
Le lagrime non terge, e ad incorrotta
Gloria non mira.

OSCAR

Leggere vi piaccia
Delle danze l'invito.

RICARDO

Avresti alcuna
Beltà dimenticato?

OSCAR

Eccovi i nomi.

RICARDO

Amelia... ah, dessa ancor! L'anima mia
In lei rapita ogni grandezza oblia!
La rivedrà nell'estasi
Raggiante di pallore...
E qui sonar d'amore
La sua parola udrà.
O dolce notte, scendere
Tu puoi gemmata a festa:
Ma la mia stella è questa
Che il ciel non ha!

SAMUEL, TOM, SECUACES

L'ora non è, che tutto
Qui d'operar ne toglie
Dalle nemiche soglie
Meglio l'uscir sarà...

OSCAR, OFICIALES, CORO

Con generoso affetto
Entro se stesso assorto,
Il nostro bene oggetto
De' suoi pensier farà...

RICARDO

Ah! E qui sonar d'amore
La sua parola udrà...

Il cenno mio di là con essi attendi.

(continuó)
No es bueno el poder que no enjuga
las lágrimas de los súbditos,
y a una incorrupta gloria no aspira.

(A Ricardo)
5. Haced el favor de leer
las invitaciones al baile.

6. ¿Te habrás olvidado
de alguna beldad?

(Entregándole un papel)
7. Aquí tenéis los nombres.

(Leyendo, aparte)
8. ¡Amelia... ah, ella otra vez!
¡Mi alma arrebatada por ella
toda grandeza olvida!
Volverá a verla, radiante de palidez...
Y aquí oiré de nuevo
el amoroso sonido de su palabra.
Oh dulce noche, puedes
descender enjoyada:
¡pero mi estrella, ah, es ésta
que ni el cielo posee!

(Para sí)
9. Aún no es la hora, ya que aquí
todo nos impide actuar.
Será mejor salir
de este lugar enemigo...

10. Con generoso afecto
en sí mismo absorto
de nuestro bien el objeto
de sus pensamientos hará...

(Para sí)
11. ¡Ah! Y aquí el amoroso sonido,
de sus palabras...
(A Óscar)
Espera mis órdenes allí con ellos.

(Todos se alejan. Óscar, el último, encuentra a Renato en el umbral.)

OSCAR
Libero è il varco a voi.

(A Renato)
12. El camino está libre para vos.

RENATO
Deh, come triste appar!

(Aparte)
13. ¡Ay, qué triste parece!

RICARDO
¡Amelia!

(Aparte)
14. ¡Amelia!

RENATO
Conte...

(Inclinándose)
15. Conde...

RICARDO
O ciel! lo sposo suo!

16. ¡Oh, cielos! ¡Su esposo!

RENATO
Turbato il mio
Signor, mentre dovunque il nome suo
Inclito suona?

(Acercándose)
17. ¿Mi señor está turbado,
mientras por todas partes
su nombre ínclito suena?

RICARDO
Per la gloria è molto,
Nulla per col.
Segreta, acerba cura
M'opprime.

18. Es mucho para la gloria,
nada para el corazón.
Una amarga inquietud
me oprime.

RENATO
E d'onde?

19. ¿Por qué?

RICARDO
Ah no... non più...

20. Ah, no... ya no...

RENATO
Dirolla Io la cagion.

21. Os diré yo la razón.

RICARDO
Gran Dio!

(Aparte)
22. ¡Gran Dios!

RENATO
So tutto...

23. Lo sé todo.

RICARDO
E che?

24. ¿Qué?

13

RENATO

So tutto.
Già questa soglia istessa
Non t'è securo asilo.

RICARDO

Prosegui.

RENATO

Un reo disegno
Nell'ombre si matura,
I giorni tuoi minaccia.

RICARDO

Ah! ... gli è di ciò che parli?
Altro non sai? ...

RENATO

Se udir ti piace i nomi...

RICARDO

Che importa? Io li disprezzo.

RENATO

Svelarli è mio dover.

RICARDO

Taci: nel sangue
Contaminarmi allor dovrei.
Non fia, Nol vo'. Del popol mio
L'amor mi guardi
e mi protegga Iddio.

RENATO

Alla vita che t'arride
Di speranze e gaudio piena,
D'altre mille e mille vite
Il destino s'incatena!
Te perduto, ov'è la patria
Col suo splendido avvenir?
E sarà dovunque, sempre
Chiuso il varco alle ferite,
Perchè scudo del tuo petto
È del popolo l'affetto?

25. Lo sé todo.
Este mismo lugar ya no es
un refugio seguro para ti.

26. Continúa.

27. Un malvado designio
madura en la sombra,
y amenaza tus días.

(Con alegría)
28. ¡Ah! ... ¿Te referías a eso?
¿No sabes nada más? ...

29. Si deseas conocer sus nombres...

30. ¿Qué importa? Les desprecio.

31. Mi deber es revelarlos.

32. Calla: pues debería
verter su sangre.
No quiero que eso ocurra.
Que me guarde el amor de mi pueblo
y que Dios me proteja.

33. ¡A la vida que te sonríe
de esperanzas y gozo llena,
se encadena el destino
de otros miles y miles de vidas!
Si mueres, ¿qué será de la patria
con su espléndido porvenir?
¿Y estará en todas partes siempre
cerrando el paso de las heridas,
porque el escudo de tu pecho
sea el afecto del pueblo?

RENATO
Dell'amor più desto è l'odio
Le sue vittime a colpir...

OSCAR
Il primo giudice.

RICARDO
S'avanzi.

JUEZ
Conte!

RICARDO
Che leggo! ...
Il bando ad una donna!
Or d'onde?
Qual è il suo nome? ... Di che rea?

JUEZ
S'appella Ulrica,
dell'immondo
Sangue de' negri.

OSCAR
Intorno a cui s'affollano
Tutte le stirpi.
Del futuro l'alta
Divinatrice...

JUEZ
Che nell'antro abbietto
Chiama i peggiori,
d'ogni reo consiglio
Sospetta già.
Dovuto è a lei l'esilio,
Nè muta il voto mio.

RICARDO
Che ne di' tu?

(continuó)
El odio es más despierto que el amor
para atacar a sus víctimas...

(En la entrada)
34. El primer juez.

35. Que pase.

(Con despachos para firmar)
36. ¡Conde!

37. ¡Qué leo! ...
¡El exilio para una mujer! ¿Por qué?
¿Cuál es su nombre? ...
¿De qué se le acusa?

38. Se llama Ulrica,
de la inmunda
sangre de los negros.

39. En torno a ella se agolpan
todas las razas.
Es la gran adivina
del futuro...

40. A su abyecto antro
llama a los peores,
es sospechosa
de todo vil consejo.
Merece el exilio,
no cambiaré mi veredicto.

(A Óscar)
41. ¿Y tú que dices?

OSCAR

Difenderla vogl'io.
Volta la terrea
Fronte alle stelle,
Come sfavilla
La sua pupilla,
Quando alle belle
Il fin predice
Mesto o felice
Dei loro amor!
È con Lucifero
D'accordo ognor...

RICARDO

Che vaga coppia . . .
Che protettor!

OSCAR

Chi la profetica
Sua gonna afferra,
O passi 'l mare,
Voli alla guerra,
Le sue vicende
Soavi, amare
Da questa apprende
Nel dubbio cor.
È con Lucifero
D'accordo ognor...

JUEZ

Sia condannata!

OSCAR

Assolverla degnate.

JUEZ

¡Condannata!

RICARDO

Ebben, tutti chiamate:
Or v'apro un mio pensier.

42.	Yo quiero defenderla.
Vuelta la terrosa
frente a las estrellas
¡cómo centellea
su pupila,
cuando a las bellas
el fin predice
triste o feliz
de sus amores!
Está siempre
de acuerdo con Lucifer...

43.	Bonita pareja...
¡Vaya protector!

44.	Quien a su profética
falda se aferra,
ya cruce el mar,
ya vuele a la guerra,
su destino,
dulce o amargo,
conocerá
en su turbado corazón.
Está siempre
de acuerdo con Lucifer...

45.	¡Que sea condenada!

(Al Conde)
46.	¡Dignaos absolverla!

47.	¡Condenada!

48.	Bien: llamado a todos.
Os diré lo que he pensado.

(Renato y Óscar invitan a entrar a los que habían salido.)

RICARDO

Signori: oggi d'Ulrica
Alla magioni v'invito,
Ma sotto altro vestito;
Io là sarò.

RENATO

Davver?

RICARDO

Sì, vo' gustar la scena.

RENATO

L'idea non è prudente.

OSCAR

La trovo anzi eccellente,
Feconda di piacer.

RENATO

Te ravvisar taluno Ivi potria.

RICARDO

Qual tema!

SAMUEL, TOM

Ve', ve',
di tutto trema
Codesto consiglier.

RICARDO

E tu m'appronta un abito
Da pescator.

SAMUEL, TOM, SECUACES

Chi sia
Che alla vendetta l'adito
Non s'apra alfin colà?

RICARDO

Ogni cura si doni al diletto,
E s'accorra nel magico tetto:
Tra la folla de' creduli ognuno
S'abbandoni e folleggi con me...

49. Señores: hoy os invito
     a la morada de Ulrica,
     pero disfrazados
     allí yo estaré.

50. ¿De verdad?

51. Sí, quiero disfrutar de la escena.

52. La idea no es prudente.

53. Al contrario, la encuentro excelente,
     fecunda de placer.

54. Alguien podría reconocerte allí.

55. ¡Qué miedo!

     (*Sonriendo malignamente*)
56. ¡Mira, mira!
     Cualquier cosa hace temblar
     a este consejero.

     (*A Óscar*)
57. Y tú prepárame
     unas ropas de pescador.

     (*En voz baja*)
58. ¿Quién sabe
     si la ocasión para la venganza
     no se nos presentará al fin allí?

59. Prestemos toda la atención al deleite,
     y acudamos al mágico techo:
     que entre la multitud de los crédulos
     cada uno se divierta conmigo...

17

RENATO

E s'accorra, ma vegli 'l sospetto
Sui perigli che fremono intorno,
Ma protegga il magnanimo petto
Di chi nulla paventa per sè.

OSCAR

L'indovina ne dice di belle,
E sta ben che l'interroghi anch'io;
Sentirò se m'arridon le stelle,
Di che sorti benefica m'è.

RICARDO

Ogni cura si doni al piacer...

RENATO

E s'accorra e si vegli.

RICARDO

Dunque, signori, aspettovi,
Incognito, alle tre
Nell'antro dell'oracolo,
Della gran maga al piè.

OSCAR, OFICIALES, NOBLES

Teco sarem di subito,
Incogniti, alle tre
Nell'antro dell'oracolo,
Della gran maga al piè.

RENATO

E s'accorra,
ma vegli 'l sospetto...

SAMUEL, TOM, SECUACES

Senza posa vegliamo all'intento,
Nè si perda ove scocchi il momento.
Forse l'astro che regge il suo fato
Nell'abisso là spegnersi de'.

60. Acudamos, pero que vele la sospecha
sobre los peligros que se agitan allí,
que proteja el magnánimo pecho
de quien nada teme para sí.

61. La adivina dice la buenaventura,
la interrogaré también yo;
oiré si me sonríen las estrellas,
y me anuncian un destino feliz.

62. Prestemos toda la atención al placer...

63. Acudamos...

64. Pues, señores, os espero,
de incógnito, a las tres.
En el antro del oráculo,
a los pies de la gran maga.

65. Contigo estaremos enseguida,
de incógnito, a las tres.
En el antro del oráculo,
a los pies de la gran maga.

66. Acudamos,
pero que vele la sospecha...

67. Sin pausa ocupémonos del intento,
no perdamos, si surge, la ocasión.
Quizás el astro que rige su destino
deba extinguirse allí en el abismo.

RICARDO

Alle tre nell'antro dell'oracolo.
Ogni cura si doni al diletto,
E s'accorra al fatidico tetto:
Per un di si folleggi, si scherzi,
Mai la vita più cara non è.

OSCAR, CORO

Si, si.

RENATO

Ma protegga il magnanimo petto
Di chi nulla paventa per sè...

OSCAR

Sentirò se m'arridon le stelle,
Qual presagio le dettan per me...

SAMUEL, TOM, SECUACES

Forse l'astro che regge il suo fato
Nell'abisso là spegnersi de'...

OFICIALES, NOBLES

Sì! Alfin brilli d'un po' di follia
Questa vita che il cielo ne diè...

RICARDO

La vita mai si cara non è...
Alle tre, alle tre! ...
Dunque, signori, aspettovi...

TODOS

Alle tre, alle tre!
Teco sarem di subito...

68. A las tres. En el antro del oráculo.
Prestemos toda la atención al deleite
y acudamos al fatídico techo:
por un día divirtámonos, bromeemos,
nunca la vida más preciosa es.

69. Sí, sí.

70. Pero proteja el magnánimo pecho
de quien nada teme para sí...

71. Oiré si me sonríen las estrellas,
y me anuncian un destino feliz...

72. Quizás el astro que rige su destino
deba extinguirse allí en el abismo...

73. Que al fin brille la diversión
en esta vida que el cielo nos dio...

74. La vida nunca tan preciosa es....
¡A las tres, a las tres! ...
Así pues señores os espero...

75. ¡A las tres, a las tres!
Contigo estaremos en seguida...

ESCENA 2
Choza de Ulrica.
A la izquierda una chimenea; el fuego está encendido, y la caldera mágica humea sobre un trípode.
En el mismo lado, la entrada de una habitación oscura.
A la derecha una escalera que se pierde en la bóveda y al final de la misma una puerta secreta.
Al fondo, la puerta de entrada y una gran ventana. Hombres y mujeres del pueblo.
Ulrica junto a la mesa; un muchacho y una jovencita le piden la buenaventura.

GENTE DEL PUEBLO
Zitti... l'incanto non dessi turbare.
Il demonio tra breve halle a parlare.

76. Callad... no debe turbarse el encanto.
El demonio no tardará en hablarle.

ULRICA
Re dell'abisso, affrettati,
Precipita per l'etra,
Senza librar la folgore
Il tetto mio penetra.
Omai tre volte l'upupa
Dall'alto sospirò;
La salamandra ignivora
Tre volte sibilò...
E delle tombe il gemito
Tre volte a me parlò...

77. Rey del abismo, apresúrate,
precipítate por el éter,
sin lanzar el rayo
penetra mi techo.
Ya tres veces la abubilla
desde lo alto suspiró,
la salamandra ígnea
tres veces silbó...
y de las tumbas el gemido
tres veces me habló...

(Ricardo vestido de pescador, se adelanta entre la multitud sin ser reconocido.)

RICARDO
Arrivo il primo!

(Para sí)
78. ¡Soy el primero en llegar!

GENTE DEL PUEBLO
Villano, dà indietro.

Oh, come tutto riluce di tetro!

79. Atrás, villano.
(Él se aleja riendo)
¡Oh, qué tétrico luce todo!

ULRICA
È lui, è lui! ne' palpiti
Come risento adesso
La voluttà riardere
Del suo tremendo amplesso!
La face del futuro
Nella sinistra egli ha.
M'arrise al mio scongiuro,
rifolgorar la fa:
Nulla, più nulla ascondersi
Al guardo mio potrà!

(Con exaltación, declamando)
80. ¡Es él, es él! ¡En mis latidos
vuelvo ahora a sentir
volver a encenderse la voluptuosidad
de su tremendo abrazo!
En su mano izquierda tiene
la faz del futuro.
Sonríe a mi conjuro,
la hace otra vez fulgurar:
¡nada, ya nada podrá
esconderse a mi mirada!

(Golpea el suelo y desaparece.)

TODOS
Evviva la maga!

81. ¡Viva la maga!

ULRICA
Silenzio, silenzio!

(Bajo tierra)
82. ¡Silencio, silencio!

SILVANO
Su, fatemi largo,
saper vo' il mio fato.
Del conte sono servo,
son suo marinaro:
La morte per esso
più volte ho sfidato;
Tre lustri son corsi del vivere amaro,
Tre lustri che nulla s'è fatto per me.

ULRICA
E chiedi?

SILVANO
Qual sorte pel sangue
versato mi attende.

RICARDO
Favella da franco soldato

ULRICA
La mano.

SILVANO
Prendete!

ULRICA
Rallegrati omai:
In breve dell'oro e un grado t'avrai.

SILVANO
Scherzate?

ULRICA
Va pago.

RICARDO

Mentire non de'.

SILVANO
A fausto presagio
ben vuolsi mercè.

---

83. *(Silvano se abre paso entre el gentío)*
Vamos, dejadme paso,
quiero conocer mi destino.
Soy siervo del Conde,
soy su marino:
por él he desafiado la muerte;
tres lustros de amarga vida he pasado,
tres lustros en los que nada
se ha hecho por mí.

84. *(Reapareciendo)*
¿Qué buscas?

85. Qué suerte me espera por la sangre
que he vertido.

86. *(Aparte)*
Habla con la franqueza de un soldado.

87. *(A Silvano)*
La mano.

88. ¡Tómala!

89. *(Observando la mano)*
Alégrate ya:
pronto tendrás oro y un ascenso.

(Ricardo escribe en un papel.)

90. ¿Bromeáis?

91. Vete satisfecho.

92. *(Poniéndole en el bolsillo a Silvano, un papel y una moneda)*
Ella no debe mentir.

93. Un presagio tan fausto
bien merece una recompensa.

(Hurgando en su bolsillo encuentra el rollo en el que lee.)

SILVANO
«Riccardo al suo caro
Silvano uffiziale.»
Per Bacco! ... Non sogno!
Dell'oro ed un grado!
Evviva! Evviva!

(continuó)
«Ricardo a su querido
Oficial Silvano».
¡Por Baco! ... ¡No sueño!
¡Oro y un ascenso!
¡Viva! ¡Viva!

CORO
Evviva la nostra Sibilla immortale,
Che spande su tutti ricchezze e piacer.

94.   ¡Viva nuestra Sibila inmortal;
que a todos nos da riquezas y placer!

TODOS
Si batte!

(Llaman a la puertecilla)
95.   ¡Golpean!

(Ulrica va abrir y entra un siervo.)

RICARDO
Che veggo! sull'uscio segreto,
Un servo d'Amelia!

(Aparte)
96.   ¡Qué veo, en la puerta secreta,
un criado de Amelia!

CRIADO
Sentite: la mia Signora,
che aspetta là fuori,
vorria pregarvi in segreto d'arcano parer.

(En voz baja a Ulrica, pero oído por Ricardo)
97.   Escucha: mi señora,
que espera allí fuera,
quisiera que le dierais, en secreto,
la opinión del arcano.

RICARDO
Amelia!

98.   ¡Amelia!

ULRICA
S'inoltri, ch'io tutti allontano.

99.   Que pase, haré salir a todos.

RICARDO
Non me!

100.   ¡A mí no!

(El criado sale.)

ULRICA
Perchè possa rispondere a voi
È d'uopo che innanzi
m'abbocchi a Satana;
Uscite, lasciate ch'io scruti nel ver.

101.   Para que pueda responderos
es preciso que primero
consulte a Satanás; salid,
dejad que yo escrute en la verdad.

SILVANO, TODOS
Usciamo, si lasci che scruti nel ver.

102.   Salgamos, dejemos que escrute en la verdad.

(Mientras todos se alejan, Ricardo se esconde. Amelia entra agitada.)

ULRICA
Che v'agita cosi?

103. ¡Salid, salid!

TODOS
Usciamo, si lasci che scruti nel ver.

104. Salgamos, salgamos.

ULRICA
Che v'agita cosi?

105. ¿Qué es lo que os agita así?

AMELIA
Segreta, acerba
Cura che amor destò...

106. Una secreta y amarga
inquietud que el amor despertó...

RICARDO
Che ascolto!

(Aparte)
107. ¡Qué oigo!

ULRICA
E voi cercate?

108. ¿Y qué buscáis?

AMELIA
Pace...
Svellermi dal petto
Chi sì fatale e desiato impera!
Lui, che su tutti il ciel arbitro pose.

109. ¡Paz, arrancarme del pecho a quien
tan fatal y deseado en él impera!
A aquel que el cielo
nos puso como gobernante.

RICARDO
Che ascolto? Anima mia!

(Aparte, con viva emoción de alegría.)
110. ¿Qué oigo? ¡Alma mía!

ULRICA
L'oblio v'è dato.
Arcane stille conosco
d'una magic' erba,
Che rinnovella il cor...
Ma chi n'ha d'uopo
Spiccarla debbe di sua man
nel fitto delle notti.
Funereo È il loco.

111. El olvido os es posible.
Conozco unas arcanas gotas
de una hierba mágica,
que renueva el corazón.
Pero quien la necesite
debe arrancarla con sus propias manos
en lo más denso de la noche.
Fúnebre es el lugar.

AMELIA
Ov'è?

112. ¿Dónde es?

ULRICA
L'osate voi?

113. ¿Os atrevéis?

AMELIA
Sì, qual esso sia.

ULRICA
Dunque ascoltate:
Della città all'occaso,
Là dove al tetro lato
Batte la luna pallida
Sul campo abbominato...
Abbarbica gli stami,
A quelle pietre infami,
Ove la colpa scontassi
Coll'ultimo sospir! ...

AMELIA
Mio Dio! Qual loco!

ULRICA
Attonita e già tremante siete?

RICARDO
Povero cor!

ULRICA
V'esanima?

AMELIA
Agghiaccio...

ULRICA
E l'oserete?

AMELIA
Se tale è il dover mio
Troverò possa anch'io.

ULRICA
Stanotte?

AMELIA
Sì.

RICARDO
Non sola:
Chè te degg'io seguir.

(Resuelta)
114. Sí, sea donde sea.

115. Entonces escuchad:
Al oeste de la ciudad,
allí en el tétrico lugar
donde la luna pálida da
sobre el campo abominado...
¡La hierba echa sus raíces
entre aquellas piedras infames,
donde se expían las culpas
con el último suspiro! ...

116. ¡Dios mío! ¡Qué sitio!

117. ¿Ya estáis atónita y temblorosa?

118. ¡Pobre corazón!

119. ¿Os acobardáis?

120. Estoy helada...

121. ¿Os atreveréis a hacerlo?

122. Si ese es mi deber
también yo encontraré fuerzas.

123. ¿Esta noche?

124. Sí.

(Aparte)
125. Pero no sola:
pues yo te seguiré.

AMELIA

Consentimi, o Signore,
Virtù ch'io lavi 'l core.
E l'infiammato palpito
Nel petto mio sopir.

ULRICA

Va, non tremar, l'incanto
Inaridisce il pianto.
Osa e berrai nel farmaco
L'oblio de' tuoi martir...

RICARDO

Ah! Ardo, e seguirla ho fisso
Se fosse nell'abisso,
Pur ch'io respiri, Amelia,
L'aura de' tuoi sospir.

VOCES

Figlia d'averno, schiudi la chiostra,

e tarda meno a noi ti mostra.

ULRICA

Presto, partite! ... Addio!

AMELIA

Stanotte... Addio!

(Huye por la puerta secreta.)

RICARDO

Non sola: chè te degg'io seguir!

(Ulrica abre la puerta principal. Entran Samuel, Tom y sus secuaces, Óscar, Nobles y oficiales disfrazados caprichosamente, a los cuales se une Ricardo.)

SAMUEL, TOM, CORO

Su, profetessa, monta il treppiè,
Canta il futuro.

OSCAR

Ma il re dov'è?

126. Concédeme, oh Señor,
la virtud para purificar mi corazón.
Sosiega el inflamado latido
de mi pecho.

127. Ve, no tiembles,
el encanto seca el llanto.
Atrévete y beberás en el elixir
el olvido de tus tormentos...

(Aparte)

128. Ardo, y a seguirla estoy decidido
aunque fuera al fondo abismo,
con tal que yo respire, Amelia,
el aura de tus suspiros.

(Desde el fondo.)

129. Hija del Averno, abre la gruta,
(Empujan la puerta.)
y tarda menos en mostrarte a nosotros.

(A Amelia)

130. ¡Pronto, partid! ... ¡Adiós!

131. Esta noche... ¡Adiós!

132. ¡No irás sola: voy a ir contigo!

133. Vamos, sibila, súbete al trípode,
preságianos el futuro.

134. Pero, ¿dónde está el Conde?

RICARDO

Taci, nascondile che qui son io.

Or tu, Sibilla, che tutto sai,
Della mia stella mi parlerai.

SAMUEL, TOM, CORO

Canta il futuro, canta il futuro!

RICARDO

Di' tu se fedele
Il flutto m'aspetta,
Se molle di pianto
La donna diletta
Dicendomi addio
Tradì l'amor mio.
Con lacere vele
E l'alma in tempesta,
I solchi so franger
Dell'onda funesta,
L'averno ed il cielo
Irati sfidar.
Sollecita esplora,
Divina gli eventi:
Non possono i fulmin,
La rabbia de' venti,
La morte, l'amore
Sviarmi dal mar.

OSCAR, SAMUEL, TOM, CORO

Non possono i fulmin,
La rabbia de' venti,
La morte, l'amore
Sviarlo dal mar.

RICARDO

Sull'agile prora
Che m'agita in grembo,
Se scosso mi sveglio
Ai fischi del nembo,
Ripeto fra' tuoni
Le dolci canzoni,
Le dolci canzoni

(Se coloca a su lado)

135. Calla, que ella no sepa que estoy aquí.
(Volviéndose Ulrica)
Ahora tú, Sibila, que todo lo sabes,
háblame de mi estrella.

136. ¡Presagia el futuro, presagia el futuro!

137. Dime tú si leales
las olas me esperan,
si en llanto bañado
la mujer amada
diciéndome adiós
mi amor traicionó.
Con las velas rasgadas
y el alma tempestuosa,
los surcos sé romper
de las olas funestas,
el Averno y el cielo
airados desafiar.
Solicita escruta
y adivina los eventos:
no pueden los rayos,
ni la furia de los vientos,
ni la muerte o el amor
apartarlo del mar.

138. No pueden los rayos,
ni la furia de los vientos,
ni la muerte o el amor
apartarlo del mar.

139. Sobre la ágil proa
que me agita en su regazo,
si me despierto sacudido
por el silbido de la tormenta,
repito entre los truenos
las dulces canciones
de mi solar nativo,

RICARDO (*continuato*)
Del tetto natio,
Che i baci ricordan
Dell'ultimo addio,
E tutte raccendon
Le forze tua profezia,
Di ciò che può sorger
Dal fato qual sia;
Nell'anime nostre
Non entra terror.

OSCAR, SAMUEL, TOM, CORO
Nell'anime nostre
Non entra terror.

ULRICA
Chi voi siate, l'audace parola
Può nel pianto prorompere un giorno,
Se chi sforza l'arcano soggiorno
Va la colpa nel duolo a lavar.
Se chi sfida il suo fato insolente
Deve l'onta nel fato scontar.

RICARDO
Orsù, amici.

SAMUEL
Ma il primo chi fia?

OSCAR
Io.

RICARDO
L'onore a me cedi.

OSCAR
E lo sia.

ULRICA
È la destra d'un grande, vissuto
Sotto gli astri di Marte.

OSCAR
Nel vero ella colse.

(*continuó*)
que recuerdan los besos,
del último adiós,
y vuelven a encender mi corazón.
Vamos, pues,
que resuene tu profecía,
pues lo que pueda surgir del destino,
sea lo que sea;
en nuestras almas
no hay sitio para el terror.

140. En nuestras almas
no hay sitio para el terror.

141. Quienquiera que seáis, vuestra audaz
palabra en llanto puede transformarse.
El que fuerza la morada del arcano
sus culpas en el dolor deberá pagar,
el que, insolente, desafía a su destino
en su mismo sino expiará la afrenta.

142. ¡Ánimo, amigos!

143. Pero, ¿quién será el primero?

144. ¡Yo!

(*Tendiendo su mano a Ulrica*)
145. Cédeme el honor.

146. Así sea.

(*Solemnemente, examinando la mano*)
147. Es la diestra de un gran hombre,
que ha vivido bajo el signo de Marte.

148. Ha acertado plenamente.

RICARDO
Tacete.

149.   ¡Cállate!

ULRICA
Infelice... Va... mi lascia...
Non chieder di più!

(Apartándose de él)
150.   Infeliz... ¡Vete, déjame,
no preguntes nada más!

RICARDO
Su, prosegui.

151.   ¡Vamos, continúa!

ULRICA
No... lasciami.

152.   ¡No, déjame!

RICARDO
Parla.

153.   ¡Habla!

ULRICA
Va... Te ne prego.

(Evitándolo)
154.   ¡Vete!

RICARDO
Parla!

155.   ¡Habla!

ULRICA
Te ne prego!

156.   ¡No insistas!

OSCAR, SAMUEL, TOM, CORO
Eh, finiscila omai.

(A ella)
157.   ¡Eh, acaba de una vez!

RICARDO
Te lo impongo.

158.   ¡Te lo ordeno!

ULRICA
Ebben, presto morrai.

159.   ¡Pues bien: pronto morirás!

RICARDO
Se sul campo d'onor,
ti so grado.

160.   Si es en el campo del honor,
te lo agradezco.

ULRICA
No... per man d'un amico.

(Con más fuerza)
161.   No... por manos de un amigo.

OSCAR
Gran Dio!
Quale orror!

162.   ¡Gran Dios!
¡Qué horror!

SAMUEL, TOM, CORO
Quale orror!

163.   ¡Qué horror!

ULRICA
Così scritto è lassù.

OSCAR, SAMUEL, TOM, CORO
Quale orror!

RICARDO
È scherzo od è follia
Siffatta profezia:
Ma come fa da ridere
La lor credulità!

ULRICA
Ah voi, signori, a queste
Parole mie funeste
Voi non osate ridere;
Che dunque in cor vi sta?

SAMUEL, TOM
La sua parola è dardo,
È fulmine lo sguardo.

OSCAR, CORO
Ah! Tal fia dunque il fato?
Ch'ei cada assassinato?
Al sol pensarci l'anima
Abbrividendo va...

RICARDO
È scherzo od è follia...

ULRICA
Ah, voi, signori, aqueste parole...

SAMUEL, TOM
La sua parola è dardo,
È fulmine lo sguardo.
Dal confidente demone
Tutto costei risà...

RICARDO
Finisci il vaticino.
Di', chi fia dunque l'uccisor?

164. ¡Así está escrito allí arriba!

165. ¡Qué horror!

(Mirando a su alrededor)
166. Es broma o es locura
semejante profecía:
¡pero qué risa me da
su credulidad!

(Acercándose a Samuel y Tom)
167. ¡Ah, vosotros, señores, vosotros
que no os atrevéis a reíros
de mis funestas palabras!
¿Qué tenéis, pues, en el corazón?

168. Su palabra es un dardo,
su mirada es un rayo.

169. ¡Ah! ¿Este es, pues, su destino?
¿Que él caiga asesinado?
De sólo pensarlo el alma
se me estremece...

170. Es broma o es locura...

171. ¡Ah, vosotros, señores, vosotros...

172. Su palabra es un dardo,
su mirada es un rayo.
Por su diabólico confidente
Ella conoce todo...

(Con vivacidad)
173. Acaba tu vaticinio.
Dime, ¿quién será, pues, el asesino?

ULRICA
Chi primo
Tua man quest'oggi stringerà.

174. El primero
que estreche hoy tu mano.

RICARDO
Benissimo.

175. Muy bien.

(Ofreciendo su diestra a los que lo rodean, que no se atreven a tocarla.)

Qual è di voi, che provi
L'oracolo bugiardo?
Nessuno!

¿Quién de vosotros quiere probar
la falsedad del oráculo?
¡Nadie!

(Renato entra.)

RICARDO
Eccolo.

(Yendo hacia Renato le da su diestra al amigo.)
176. ¡Helo aquí!

TODOS
È desso!

177. ¡Es él!

SAMUEL, TOM
Respiro;
il caso ne salvò.

(A los suyos)
178. Respiremos tranquilos,
el azar nos ha salvado.

CORO
L'oracolo mentiva.

(Contra Ulrica)
179. El oráculo ha mentido.

RICARDO
Sì; perchè la man che stringo
È del più fido amico mio!

180. ¡Sí, pues la mano que estreché
es la de mi más fiel amigo!

RENATO
Riccardo!

181. ¡Ricardo!

ULRICA
Il conte! ...

(Reconociendo al Conde)
182. ¡El Conde! ...

RICARDO
Nè chi fossi il genio tuo
Ti rivelò, nè che voleano al bando
Oggi dannarti.

(A ella)
183. Tu genio no te reveló quién era yo,
ni que al exilio querían
hoy condenarte.

ULRICA
Me?

184. ¿A mí?

RICARDO
T'acqueta e prendi.

(Dándole una bolsa)
185. Cálmate y toma esto.

ULRICA
Magnanimo tu sei, ma v'ha fra loro
Il traditor; più d'uno
Forse...

186. Eres magnánimo, pero entre ellos
hay un traidor,
quizás más de uno...

SAMUEL, TOM
Gran Dio!

187. ¡Gran Dios!

RICARDO
Non più.

188. Basta ya.

SILVANO, CORO
Viva Riccardo!

(Desde lejos)
189. ¡Viva Ricardo!

TODOS
Quai voci?

190. ¿Qué voces son esas?

CORO
Viva!

(Desde lejos)
191. ¡Viva!

SILVANO
È lui, ratti movete, è lui:
Il nostro amico e padre.

(Desde el fondo, a los suyos)
192. Es él, venid enseguida, es él:
nuestro amigo y padre.

(Marinos, hombres y mujeres del pueblo se agolpan en la entrada.)

Tutti con me chinatevi al suo piede
E l'inno suoni della nostra fè.

¡Inclinaos a sus pies y que suene
el himno de nuestra lealtad!

SILVANO, CORO
O figlio d'Inghilterra,
Amor di questa terra!
Reggi felice, arridano
Gloria e salute a te.

193. ¡Oh, hijo de Inglaterra
amor de esta tierra!
¡Gobierna feliz, y que
la gloria y la salud te sonrían!

OSCAR
Il più superbo alloro
Che vince ogni tesoro
Alla tua chioma intrecciano
Riconoscenza a fè.

194. El más soberbio laurel
que supera cualquier tesoro
en tu cabellera entrelaza
Lealtad y Fe.

RICARDO

E posso alcun sospetto
Alimentar nel petto,
Se mille cuori battono
Per immolarsi a me?

RENATO

Ma la sventura è cosa
Pur ne' trionfi ascosa,
Là dove il fato ipocrita
Veli una rea mercè.

SAMUEL, TOM, SECUACES

Chiude al ferir la via
Questa servil genia,
Che sta lambendo l'idolo,
E che non sa il perchè.

ULRICA

Non crede al proprio fato
Ma pur morrà piagato.
Sorrise al mio presagio
Ma nella fossa ha il piè.

OSCAR

Ah! Invitato alloro
Che vince ogmo tesoro...

RICARDO

E posso alcun sospetto
Alimentar nel petto? ...

ULRICA

Non crede al proprio fato
Ma pur morrà piagato...

RENATO

Ma la sventura è cosa
Pur ne' trionfi ascosa...

195. ¡Y puedo alguna sospecha
alimentar en mi pecho,
cuando mil corazones laten
prestos a sacrificarse por mí?

196. Pero la desventura es algo
que hasta en los triunfos se esconde.
Allí donde el destino hipócrita,
encubre una malvada recompensa.

(Aparte)
197. Nos cierra el camino para herirle
este servil gentío
que danza en torno a su ídolo,
sin siquiera saber por qué.

198. No cree en su destino
pero morirá cubierto de heridas,
se rio de mi augurio
pero en la fosa tiene un pie.

199. ¡Ah! Envidiado laurel,
que supera cualquier tesoro...

200. ¡Ah! ¿Y puedo alguna sospecha
alimentar en mi pecho? ...

201. No cree en su destino
y morirá cubierto de heridas...

202. Pero la desventura es algo que hasta
en los triunfos se esconde...

SAMUEL, TOM, SECUACES
Chiude al ferir la via
Questa servil genia...

SILVANO, CORO
O figlio d'Inghilterra,
Amor di questa terra!

203.　Nos cierra el camino para herirle
este servil gentío...

204.　¡Oh, hijo de Inglaterra,
amor de esta tierra!

Acto II

(Campo solitario en los alrededores de Boston, en el lugar donde se ajusticia a los condenados.
Es de noche. A la izquierda se vislumbran dos columnas.
Amelia aparece en lo alto de la colina, se arrodilla y reza,
luego se alza y poco a poco desciende de la altura.)

AMELIA

Ecco l'orrido campo ove s'accoppia	205.	¡He aquí el horrendo campo donde
Al delitto la morte!		se unen el delito y la muerte!
Ecco là le colonne...		He allí las columnas...
La pianta è là, verdeggia al piè.		La planta está allí, verdea a sus pies.
S'inoltri!		¡Adelante!
Ah, mi si aggela il core!		¡Ah, se me hiela el corazón!
Sino il rumor de' passi miei, qui tutto		¡Hasta el rumor de mis pasos...
M'empie di raccapriccio e di terrore!		todo me llena de espanto y terror!
E se perir dovessi? Perire!		¿Y si debiera perecer?
Ebben! quando la sorte mia,		¡Morir! Pues bien,
Il mio dover tal è, s'adempia, e sia!		si esa es mi suerte,
		si ese es mi deber... ¡que así sea!

(Inicia su camino.)

Ma dall'arido stelo divulsa	Cuando con mi mano haya arrancado
Come avrò di mia mano quell'erba,	esa hierba de su árido tallo,
E che dentro la mente convulsa	y dentro de mi mente convulsa
Quell'eterea sembianza morrà,	haya muerto esa etérea imagen,
Che ti resta, perduto l'amor...	¿qué te quedará, ya perdido el amor...
Che ti resta, mio povero cor!	qué te quedará,
Ah! chi piange,	pobre corazón mío?
qual forza m'arretra?	¡Oh! ¿Quién llora, qué fuerza
M'attraversa la squallida via?	me hace retroceder impidiéndome
Su, coraggio...	seguir el desolado camino?
e tu fatti di pietra,	¡Vamos, ánimo! ... Sé fuerte,
Non tradirmi, dal pianto ristà;	no me traiciones, cesa el llanto;
O finisci di battere e muor,	o bien deja de latir y muere,
T'annienta, mio povero cor!	¡aniquílate, pobre corazón mío!

(Tocan las campanas.)

AMELIA (*continuato*)
Mezzanotte! Ah, che veggio? una testa
Di sotterra si leva...
e sospira!
Ha negli occhi il baleno dell'ira
E m'affissa e terribile sta!

(Cae de rodillas.)

Deh!
mi reggi, m'aita, o Signor,
Miserere d'un povero cor!

RICARDO
Teco io sto.

AMELIA
Gran Dio!

RICARDO
Ti calma!

AMELIA
Ah!

RICARDO
Di che temi?

AMELIA
Ah, mi lasciate...
Son la vittima che geme...
Il mio nome almen salvate...
O lo strazio ed il rossore
La mia vita abbatterà.

RICARDO
Io lasciarti? No, giammai;
Nol poss'io; che' m'arde in petto
Immortal di te l'affetto.

AMELIA
Conte, abbiatemi pietà.

¡Medianoche! Ah, ¿qué veo?
¡Una cabeza surge de debajo
de la tierra... y suspira!
¡Tiene en sus ojos el relámpago
de la ira y me mira, terrible!

¡Ay de mí!
¡Dame fuerzas, ayúdame, oh Señor,
ten piedad de mi pobre corazón!

(Saliendo de repente)
206. Estoy contigo.

207. ¡Gran Dios!

208. ¡Cálmate!

209. ¡Ah!

210. ¿Qué temes?

211. Ah, déjame...
Soy una víctima que gime...
Salvad al menos mi buen nombre...
O el dolor y la vergüenza
acabarán con mi vida.

212. ¿Dejarte yo? No, jamás; no puedo,
pues en mi pecho arde
un inmortal amor por ti.

213. Conde, tened piedad de mí.

RICARDO

Così parli a chi t'adora?
Pietà chiedi, e tremi ancora?
Il tuo nome intemerato,
L'onor tuo sempre sarà.

AMELIA

Ma, Riccardo, io son d'altrui...
Dell'amico più fidato...

RICARDO

Taci, Amelia...

AMELIA

Io son di lui,
Che daria la vita a te.

RICARDO

Ah crudele, e mel rammemori,
Lo ripeti innanzi a me!
Non sai tu che se l'anima mia
Il rimorso dilacera e rode,
Quel suo grido non cura, non ode,
Sin che l'empie di fremiti amor? ...
Non sai tu che di te resteria,
Se cessasse di battere il cor!
Quante notti ho vegliato anelante!
Come a lungo infelice lottai!
Quante volte dal cielo implorai
La pietà, che tu chiedi da me!
Ma per questo ho potuto un instante,
Infelice, non viver di te?

AMELIA

Ah! deh, soccorri tu, cielo, all'ambascia
Di chi sta fra l'infamia e la morte:
Tu pietoso rischiara le porte
Di salvezza all'errante mio piè.

E tu va, ch'io non t'oda, mi lascia:
Son di lui, che il suo sangue ti diè.

214. ¿Qué dices? ¿A quién te adora
pides piedad, y aún tiemblas ante él?
Tu nombre inmaculado
será siempre un motivo de honor.

215. Pero, Ricardo, yo soy de otro...
De tu amigo más fiel...

216. Calla, Amelia...

217. Yo soy de él,
que daría la vida por ti.

218. ¡Ah, cruel, y me lo recuerdas,
lo repites ante mí!
¿No sabes que, aunque mi alma
está desgarrada por el remordimiento,
no atiende a su grito ni lo oye, pues
la llenan los ardores del amor? ...
¿No sabes que seguiría siendo tuyo
incluso si cesara de latir mi corazón?
¡Cuántas noches ha velado anhelante!
¡Cuán largamente he luchado, infeliz!
¡Cuántas veces imploré al cielo
la piedad que tú me pides!
Pero, a pesar de esto, ¿he podido,
infeliz, por un instante, vivir sin ti?

219. ¡Ah! Socorre cielo, la angustia de
quien está entre la infamia y la muerte
Tú, piadoso, ilumina las puertas
de la salvación a mis errantes pasos.
(A Ricardo)
Y tú vete, que no te oiga, déjame...
soy de él, que su sangre te ha dado.

RICARDO
La mia vita...
l'universo, per un detto...

AMELIA
Ciel pietoso!

RICARDO
Di' che m'ami...

AMELIA
Va, Riccardo!

RICARDO
Un sol detto...

AMELIA
Ebben, sì, t'amo...

RICARDO
M'ami, Amelia!

AMELIA
Ma tu, nobile,
Me difendi dal mio cor!

RICARDO
M'ami, m'ami! ...
oh sia distrutto
Il rimorso, l'amicizia
Nel mio seno: estinto tutto,
Tutto sia fuorché l'amor!
Oh, qual soave brivido
L'acceso petto irrora!
Ah, ch'io t'ascolti ancora
Rispondermi così!
Astro di queste tenebre
A cui consacro il core:
Irradiami d'amore
E più non sorga il dì!

220. Mi vida...
el universo, por una palabra...

221. ¡Cielo misericordioso!

222. Dime que me amas...

223. ¡Vete, Ricardo!

224. Una sola palabra...

225. Pues bien, sí, te amo...

226. ¡Me amas, Amelia!

227. ¡Pero tú, con nobleza,
defiéndeme de mi corazón!

(Fuera de sí)
228. ¡Me amas, Amelia! ...
¡Oh, que sean destruidos
el remordimiento y la amistad
en mi pecho: que todo se extinga,
todo salvo el amor!
¡Oh, qué suave estremecimiento
riega mi encendido pecho!
¡Ah, déjame oír otra vez
que me respondes así!
Astro de estas tinieblas
a que consagro el corazón:
¡irrádiame con tu amor
y que ya no surja el día!

AMELIA
Ahi! sul funereo letto
Ov'io sognava spegnerlo,
Gigante torna in petto
L'amor che mi feri!
Chè non m'è dato in seno
A lui versar quest'anima?
O nella morte almeno
Addormentarmi qui?

RICARDO
Amelia, tu m'ami?

AMELIA
Sì... t'amo.

RICARDO
Irradiami d'amor!
Tu m'ami, Amelia?
Oh, qual soave brivido...

(La luna se ilumina cada vez más.)

AMELIA
Ahimè! S'appressa alcun!

RICARDO
Chi giunge in questo
Soggiorno della morte? ...

Ah, non m'inganno!

Renato!

AMELIA
Il mio consorte!

RICARDO
Tu qui?

RENATO
Per salvarti da lor, che celati
Lassù, t'hanno in mira.

RICARDO
Chi son?

229. ¡Ay, sobre el fúnebre lecho
en que soñaba extinguirlo,
vuelve agitado a mi pecho
el amor que me hirió!
¿Por qué no me es concedido
entregarle mi alma?
¿O al menos en la muerte
adormecerme aquí?

230. ¡Amelia! ¿Tú me amas?

231. Sí... te amo.

232. ¡Inúndame de amor!
¿Me amas Amelia?
Ah, sobre el fúnebre lecho...

233. ¡Ay de mí! ¡Alguien se acerca!

234. ¿Quién llega a esta
morada de la muerte? ...
(Da algunos pasos)
¡Ah, no me engaño!
(Se ve a Renato)
¡Renato!

(Bajándose el velo aterrorizada)
235. ¡Mi esposo!

(Yendo a su encuentro)
236. ¡Tú aquí!

237. Para salvarte de los que,
escondidos allí arriba, te acechan.

238. ¿Quiénes son?

RENATO
Congiurati.

239. Conjurados.

AMELIA
O ciel!

240. ¡Oh, cielos!

RENATO
Trasvolai nel manto serrato,
Così che m'han preso per un dell'agguato,
E intesi taluno proromper:
«L'ho visto, è il Conte;
un'ignota beltade è con esso».
Poi altri qui volto:
«Fuggevole acquisto!
S'ei rade la fossa,
se il tenero amplesso
Troncar di mia mano repente saprò».

241. Pasé raudo, envuelto en mi capa…
me han tomado por uno de ellos.
Oí a uno decir:
«Lo he visto: es el Conde;
una desconocida beldad está con él».
Luego, otro, mirando aquí:
«¡Una efímera conquista!
Él ya casi toca la fosa,
mi mano sabrá de pronto
truncar el tierno abrazo».

AMELIA
Io muoio…

(Aparte)
242. Me muero…

RICARDO
Fa core.

(A ella)
243. ¡Valor!

RENATO
Ma questo il do.

E bada,
lo scampo t'è libero là.

(Dando su capa a Ricardo)
244. Toma mi capa.
(Enseñándole un sendero)
Y ten cuidado;
por allí tienes vía libre.

RICARDO
Salvarti degg'io…

(Toma a Amelia de la mano)
245. Debo salvarte…

AMELIA
Me misera! Va…

(En voz baja, a él)
246. ¡Pobre de mí! Vete…

RENATO
Ma voi non vorrete segnarlo, o signora,
Al ferro spietato!

(Acercándose a Amelia)
247. ¡Señora, no querrás entregarlo,
al despiadado puñal!

(Va hacia el fondo para ver si se aproximan.)

AMELIA
Deh, solo t'invola.

(A Ricardo)
248. ¡Ah, escapa solo!

RICARDO
Che qui t'abbandoni? ...

249. ¿Qué te abandone aquí? ...

AMELIA
T è libero ancora
Il passo, deh, fuggi...

250. Aún tienes el camino libre,
ah, huye...

RICARDO
E lasciarti qui sola
Con esso? No, mai! piuttosto morrò.

251. ¿Y dejarte aquí sola con él?
¡No, nunca! Antes moriré.

AMELIA
O fuggi, o che il velo
dal capo torrò.

252. O huyes o me quitaré el velo
de la cabeza.

RICARDO
Che dici?

253. ¿Qué dices?

AMELIA
Risolvi.

254. ¡Decídete!

RICARDO
Desisti.

255. ¡Desiste!

AMELIA
Lo vo'.

256. ¡Lo exijo!

(Ricardo vacila, pero ella repite la orden con la mano.)

(Para sí)
Salvarlo a quest'alma se dato sarà,
Del fiero suo fato più tema non ha.

Si a mi alma le es dado salvarle
a su feroz destino ya no deberá temer.

(Al reaparecer Renato, el Conde va a su encuentro.)

RICARDO
Amico,
gelosa t'affido una cura:
L'amor che mi porti garante mi sta.

(A Renato, solemnemente)
257. Amigo,
te confío un delicado cometido:
el amor que me tienes es mi garantía.

RENATO
Affidati, imponi.

258. Confía en mí, ordena.

RICARDO
Promettimi, giura
Che tu l'addurrai, velata, in città,
Nè un detto, nè un guardo su essa trarrai.

(Señalando a Amelia)
259. Prométeme, jura
que la llevarás, velada, a la ciudad,
sin dirigirle la palabra, ni mirarla.

RENATO

Lo giuro.

RICARDO

E che tocche le porte, n'andrai
Da solo all'opposto.

RENATO

Lo giuro, e sarà.

AMELIA

Odi tu come fremono cupi
Per quest'aura gli accenti di morte?
Di lassù, da quei negri dirupi
Il segnal de' nemici partì.
Ne' lor petti scintillano d'ira...
E già piomban, t'accerchiano fitti...
Al tuo capo già volser la mira...
Per pietà, va, t'invola di qui.

RENATO

Fuggi, fuggi, per l'orrida via
Sento l'orma dei passi spietati.
Allo scambio dei detti esecrati
Ogni destra la daga brandi,
Va, ti salva, o che il varco all'uscita
Qui fra poco serrarsi vedrai;
Va, ti salva; del popolo è vita,
Questa vita che getti così.

AMELIA

Di lassù,
da quei negri dirupi...

RICARDO

Traditor, congiurati son essi
Che minacciano il vivere mio?
Ah, l'amico ho tradito pur io . . .
Son colui che nel cor lo ferì!
Innocente, sfidati li avrei:
Or d'amore colpevole... fuggo.
La pietà del Signore su lei
Posi l'ale, protegga i suoi di!

260. Lo juro.

261. Y que llegados a las puertas, te irás,
solo, en la dirección opuesta.

262. Lo juro, así será.

(En voz baja, a Ricardo)

263. ¿Oyes cómo susurran sombríos
por el aire los acentos de muerte?
De allá arriba, de aquellos peñascos
ha partido la señal de los enemigos.
Sus pechos centellean de ira...
Ya caen sobre ti, te rodean...
Ya apuntan a tu cabeza...
Por piedad, vete, escapa de aquí.

(Viniendo del fondo, donde estaba explorando)

264. ¡Huye, huye! por la horrible senda
oigo sus despiadados pasos.
Diciéndose execrables palabras
cada diestra su daga empuñó.
¡Vete! o muy pronto verás cerrarse
el único camino hacia la salida.
¡Sálvate! es la vida del pueblo
la que expones así.

265. De allá arriba,
de aquellos negros peñascos...

(Para sí)

266. ¡Traidores, conjurados, son los
que amenazan mi vida?
También yo traicioné al amigo...
¡Soy aquel que en el corazón lo hirió!
Si fuera inocente, los desafiaría:
ahora, culpable de amor... huyo.
¡Que la piedad del Señor pose sus alas
sobre ella y proteja sus días!

AMELIA, RENATO
Va, fuggi, ti salva, va, fuggi!

267. Ah, ¡huye! ... ¡Sálvate! ... ¡Vete, huye!

AMELIA
Odi tu come fremono cupi? ...

268. ¿Oyes cómo susurran sombríos? ...

RENATO
Fuggi, fuggi, per l'orrida via! ...

269. ¡Huye, huye! Por la horrible senda...

(Ricardo sale.)

RENATO
Seguitemi!

270. ¡Seguidme!

AMELIA
Mio Dio!

271. ¡Dios mío!

RENATO
Perchè tremate?
Fida scorta vi son, l'amico accento
Vi risollevi il cor!

272. ¿Por qué tembláis?
Soy vuestra fiel escolta,
¡que mi voz os reconforte el corazón!

(En lo alto aparecen Samuel, Tom y sus secuaces.)

SAMUEL, TOM, CORO
Avventiamoci su lui,
Ché scoccata è l'ultim'ora.

(Desde arriba)
273. Lancémonos sobre él,
que ya ha sonado su última hora

AMELIA
Eccoli!

274. Ahí están.

RENATO
Presto. Appoggiatevi a me.

275. De prisa. Apoyaos en mí.

AMELIA
Morir mi sento.

276. Me siento morir.

SAMUEL, TOM, CORO
Il saluto dell'aurora
Pel cadavere sarà.

277. El saludo de la aurora
será para su cadáver.

SAMUEL
Scerni tu quel bianco velo
Onde spicca la sua dea?

(A Tom)
278. ¿Distingues ese blanco velo
en el que se destaca su diosa?

TOM
Sì precipiti dal cielo
All'inferno.

279. Que se precipite del cielo
al infierno.

RENATO
Chi vi là?

(En voz alta)
280. ¿Quién va?

SAMUEL
Non è desso!

281. ¡No es él!

TOM
O furor mio!

282. ¡Maldición!

CORO
Non è il conte?

283. ¿No es el Conde?

RENATO
No, son io
Che dinanzi a voi qui sta.

284. No, soy yo
quien está ante vosotros.

TOM
Il suo fido!

285. ¡Su amigo fiel!

SAMUEL
Men di voi
Fortunati fummo noi;
Chè il sorriso d'una bella
Stemmo indarno ad aspettar.

286. Nosotros fuimos
menos afortunados que vos;
ya que la sonrisa de una bella dama
en vano hemos esperado.

TOM
Io per altro il volto almeno
Vo' a quest'Iside mirar.

287. Yo, sin embargo, al menos
quiero ver el rostro de esa Isis.

(Algunos de los suyos se acercan con antorchas encendidas.)

RENATO
Non un passo: se l'osate
Traggo il fero...

(Con la mano en la espada)
288. ¡No deis ni un paso!: si os atrevéis
desenvainaré mi acero...

SAMUEL
Minacciate?

289. ¿Nos amenazáis?

TOM
Non vi temo.

290. No os temo.

(La luna está en todo su esplendor.)

AMELIA
O ciel, aita!

291. ¡Oh, cielo, ayúdame!

CORO
Giù l'acciaro!

(Hacia Renato)
292. Baja la espada...

RENATO
Traditori!

293. ¡Traidores!

TOM
Vo' finirla...

(Hacia Amelia para quitarle el velo.)
294. Quiero acabar con esto...

RENATO
E la tua vita
Quest'insulto pagherà.

(Sacando su espada.)
295. Y con tu vida
pagarás este insulto.

AMELIA
No; fermatevi...

296. ¡No; deteneos...!

(Cuando todos se lanzan contra Renato, Amelia, fuera de sí, se interpone y deja caer su velo.)

RENATO
Che! ... Amelia!

(Impresionado)
297. ¿Qué? ¡Amelia!

SAMUEL, TOM, CORO
Lei! ... Sua moglie!

298. ¡Ella! ¡Ella! ¡Su mujer!

AMELIA
O ciel! pietà!

299. ¡Oh, cielos! ¡Piedad!

CORO
Sua moglie!

300. ¡Su mujer!

AMELIA
O ciel! pietà!

301. ¡Oh, cielos! ¡Piedad!

RENATO
Amelia!

302. ¡Amelia!

SAMUEL
Ve', se di notte qui colla sposa
L'innamorato campion si posa
E come al raggio lunar del miele
Sulle rugiade corcar si sa!

303. ¡Ved cómo de noche con su esposa
el enamorado héroe pasea,
y bajo los melosos rayos lunares
sabe tenderse sobre el rocío!

SAMUEL, TOM

Ah! ah! ah!
E che baccano sul caso strano
E che commenti per la città!

RENATO

Così mi paga se l'ho salvato!
Ei m'ha la donna contaminato!
Per lui non posso levar la fronte,
Sbranato il cor per sempre m'ha!

AMELIA

A chi nel mondo crudel più mai,
Misera Amelia, ti volgerai? ...
La tua spregiata lacrima, quale,
Qual man pietosa rasciugherà?

SAMUEL, TOM, CORO

Ah! ah! ah!
E che baccano sul caso strano
E che commenti per la città!
Ve',
la tragedia mutò in commedia.

RENATO

Converreste a casa mia
Sul mattino di domani?

SAMUEL

Forse ammenda aver chiedete?

RENATO

No, ben altro in cor mi sta.

SAMUEL

Che vi punge?

RENATO

Lo saprete se verrete.

---

304. ¡Ja! ¡Ja! ¡Ja! ¡Ja!
¡Cuánto alboroto por el extraño caso,
cuántos chismes habrá en la ciudad!

(Mirando por donde huye Ricardo.)

305. ¡Así me paga el haberlo salvado!
¡Ha deshonrado a mi mujer!
¡Por él no podré ir con la frente alta,
me ha destrozado el corazón!

306. ¿Hacia quién en este mundo cruel,
pobre Amelia, te dirigirás? ...
¿Qué mano, qué piadosa mano,
enjugará tus despreciadas lágrimas?

307. ¡Ja! ¡Ja! ¡Ja!
¡Cuánto alboroto por el extraño caso
cuántos chismes habrá en la ciudad!
Mirad:
la tragedia se transformó en comedia.

(Acercándose a Samuel y Tom
308. *resueltamente les dice:)*
¿Vendríais a mi casa
mañana por la mañana?

309. ¿Acaso queréis pedir un desagravio?

310. No, en algo muy distinto pienso.

311. ¿Qué es lo que os preocupa?

312. Si venís, lo sabréis.

SAMUEL, TOM

E ci vedrai.

Dunque andiam: per vie diverse
L'un dall'altro s'allontani.

SAMUEL, TOM, CORO

Il mattino di domani
Grandi cose apprenderà.
Andiam, andiam.
Ve', la tragedia mutò in commedia.
Ah! ah! ah! ...

RENATO

Ho giurato che alle porte
V'addurrei della città.

AMELIA

Come sonito di morte
La sua voce al cor mi va!

SAMUEL, TOM, CORO

Ah! ah! ah! ...

RENATO

Andiam! Andiam!

AMELIA

Oh no! Pietà!

SAMUEL, TOM, CORO

E che baccano sul caso strano...

313. Allí nos verás,
(Mientras salen)
Así pues, vayámonos,
pero por caminos diferentes.

314. La mañana por la mañana
grandes cosas se conocerán.
Vamos, vamos.
Mirad, la tragedia...
¡Ja, ja, ja! ...

(Que se ha quedado solo con Amelia,
315. *le dice encolerizado.)*
He jurado que os llevaría
a las puertas de la ciudad.

(Aparte)
316. ¡Como el sonido de la muerte
su voz me llega al corazón!

(A lo lejos)
317. ¡Ja! ¡Ja! ¡Ja! ...

318. ¡Vámonos!

319. ¡Oh, no! ¡Piedad!

(Fuera de escena)
320. Cuánta algazara...

Acto III

ESCENA 1

En un estudio en casa de Renato.
Sobre una chimenea hay dos jarrones de bronce y frente a ella, la biblioteca.
Al fondo hay un magnífico retrato de cuerpo entero del Conde Ricardo y en el centro una mesa.
Entran Renato y Amelia.

RENATO

A tal colpa è nulla il pianto,
Non la terge e non la scusa.
Ogni prece è vana ormai;
Sangue vuolsi, e tu morrai.

AMELIA

Ma se reo, se reo soltanto
È l'indizio che m'accusa?

RENATO

Taci, adultera!

AMELIA

Gran Dio!

RENATO

Chiedi a lui misericordia.

AMELIA

E ti basta un sol sospetto?
E vuoi dunque il sangue mio?
E m'infami, e più non senti
Né giustizia, né pietà?

RENATO

Sangue vuolsi, e tu morrai.

(Deja la espada y cierra la puerta.)

321.   Ante tal culpa de nada sirve el llanto,
ni la limpia ni la excusa.
Toda súplica es ya vana;
debe haber sangre: tú morirás.

322.   ¡Pero si sólo es culpable,
el indicio que me acusa!

323.   ¡Calla, adúltera!

324.   ¡Gran Dios!

325.   Pídele a Él misericordia.

326.   ¿Y te basta con la sola sospecha?
¿Y quieres, pues, mi sangre?
¿Y me insultas?
¿Ya no sientes ni justicia ni piedad?

327.   ¡Debe haber sangre, tú morirás!

AMELIA

Un istante, è ver l'amai
Ma il tuo nome non macchiai.
Sallo Iddio, che nel mio petto
Mai non arse indegno affetto.

RENATO

Hai finito? Tardi è omai...
Sangue vuolsi, e tu morrai.

AMELIA

Ah! mi sveni! ... ebbene sia...
Ma una grazia...

RENATO

Non a me.
La tua prece al ciel rivolgi.

AMELIA

Solo un detto ancora a te.
M'odi, l'ultimo sarà.
Morrò, ma prima in grazia,
Deh! mi consenti almeno
L'unico figlio mio
Avvincere al mio seno.
E se alla moglie nieghi
Quest'ultimo favor,
Non rifiutarlo ai prieghi
Del mio materno cor.
Morrò, ma queste viscere
Consolino i suoi baci,
Or che l'estrema è giunta
Dell'ore mie fugaci.
Spenta per man del padre,
La man ei stenderà
Sugli occhi d'una madre
Che mai più non vedrà!

RENATO

Alzati; là tuo figlio
A te concedo riveder. Nell'ombra
E nel silenzio, là,
Il tuo rossore e l'onta mia nascondi.

328. Un instante, es verdad, lo amé,
Pero tu nombre nunca manché.
Sabe Dios que en mi pecho
jamás ardió un indigno afecto.

(Tomando la espada)

329. ¿Has terminado? Es tarde ya...
¡Debe haber sangre: tú morirás!

330. ¡Ah! ¡Mátame! ... Así sea...
Pero concédeme una gracia...

331. No me la pidas a mí.
Dirige tus súplicas al cielo.

(De rodillas)

332. Déjame decirte sólo una palabra.
Escúchame, será la última.
Moriré, pero antes, ah,
concédeme al menos la gracia
de estrechar contra mi seno
a mi único hijo.
Y si a la esposa niega
este último favor,
no lo deniegues a las súplicas
de mi materno corazón.
Moriré. Pero que este cuerpo mío
consuele sus besos,
ahora que ha llegado el fin
de mis horas fugaces.
¡Muerta por las manos de su padre!
¡Su mano él extenderá
sobre los ojos de una madre
a las que nunca más verá!

(Señalando, sin mirarla, una puerta.)

333. ¡Levántate!
Te concedo volver a ver a tu hijo.
En la sombra y en el silencio, allí,
tu vergüenza y mi ultraje esconden.

(Amelia sale.)

RENATO (*continuato*)
Non è su lei, nel suo
Fragile petto che colpir degg'io.
Altro, ben altro sangue a terger dessi
L'offesa! ...

(*continuó*)
No es sobre ella, en su
frágil pecho donde yo debo golpear.
¡Otra, otra sangre muy distinta
debe limpiar la ofensa! ...

(*Mirando al retrato.*)

Il sangue tuo!
E lo trarrà il pugnale
Dallo sleal tuo core,
Delle lagrime mie vendicator!
Eri tu che macchiavi quell'anima,
La delizia dell'anima mia;
Che m'affidi e d'un tratto esecrabile
L'universo avveleni per me!
Traditor! che compensi in tal guisa
Dell'amico tuo primo la fé!
O dolcezze perdute! O memorie
D'un amplesso che l'essere india! ...
Quando Amelia sì bella, sì candida
Sul mio seno brillava d'amor!
È finita, non siede che l'odio
E la morte nel vedovo cor!
O dolcezze perdute, o speranze d'amor!

¡Tu sangre!
¡Y la hará brotar de tu desleal corazón
el puñal vengador de mis lágrimas!
Has sido tú quien ensució esa alma.
¡Confiaba en ella, y de pronto,
el universo se ha envenenado para mí!
¡Traidor! ¡De este modo pagas
la fidelidad de tu mejor amigo!
¡Oh, dulzuras perdidas!
¡Oh, recuerdos de un abrazo
que divinizaba al ser! ...
¡Cuando Amelia, tan bella,
sobre mi pecho resplandecía de amor!
¡Todo ha terminado, no quedan más
que odio y muerte en mi corazón!
¡Oh, dulzuras perdidas!
¡Oh, esperanzas de amor!

(*Samuel y Tom entran saludando fríamente a Renato.*)

Siam soli. Udite.
Ogni disegno vostro m'è noto.
Voi di Riccardo la morte volete.

Estamos solos. ¡Escuchad!
Conozco todos vuestros planes.
Queréis matar a Ricardo.

TOM
È un sogno.

334. Estáis soñando.

RENATO

Ho qui le prove!

(*Mostrándoles algunos papeles*
335. *que tiene sobre la mesa.*)
¡Aquí tengo las pruebas!

SAMUEL
Ed ora la trama
al conte tu svelerai?

(*Encolerizado*)
336. Y ahora
¿Revelaras la conjura al Conde?

RENATO
No, voglio dividerla.

337. No, quiero tomar parte en ella.

SAMUEL, TOM
Tu scherzi.

338. ¡Bromeas!

RENATO
E non co' detti:
Ma qui col fatto struggerò i sospetti.
Io son vostro,
compagno m'avrete
Senza posa a quest'opra di sangue.
Arra il figlio vi sia.
L'uccidete se vi manco!

339. Y no con palabras: sino con hechos
destruiré vuestras sospechas.
Soy de los vuestros,
me tendréis como compañero
en esta empresa de sangre.
Tomad a mi hijo como rehén.
Si os fallo, ¡matadlo!

SAMUEL
Ma tal mutamento
È credibile appena.

340. Pero este cambio
es apenas creíble.

RENATO
Qual fu la cagion non cercate.
Son vostro
per la vita dell'unico figlio!

341. No busquéis la causa,
¡Soy de los vuestros
por la vida de mi único hijo!

SAMUEL
Ei non mente.

342. No miente.

TOM
No, non mente.

343. No, no miente.

RENATO
Esitate?

344. ¿Dudáis?

SAMUEL, TOM
Non più.

345. Ya no.

RENATO, SAMUEL, TOM
Dunque l'onta di tutti sol una,
Uno il cor, la vendetta sarà,
Che tremenda, repente, digiuna
Su quel capo esecrato cadrà!

346. ¡Pues el ultraje de todos es sólo uno
y uno el corazón, así sea la venganza,
que, tremenda, repentina, ansiosa,
sobre su execrada cabeza caerá!

RENATO
D'una grazia vi supplico.

347. Una gracia os suplico.

SAMUEL
E quale?

348. ¿Cuál?

RENATO
Che sia dato d'ucciderlo a me.

349.   Tener el privilegio de matarlo.

SAMUEL
No, Renato:
l'avito castello
A me tolse, e tal dritto a me spetta.

350.   No, Renato:
         él me arrebató el castillo paterno.
         Ese derecho me corresponde.

TOM
Ed a me cui spegneva il fratello,
Cui decenne agonia di vendetta
Senza requie divora, qual parte
Assegnaste?

351.   A mi hermano asesinó,
         y diez años de vengadora agonía
         me han devorado sin descanso...
         ¿Qué papel me asignáis?

RENATO
Chetatevi, solo
Qui la sorte decidere de'.

352.   Calmaos, sólo la suerte
         debe decidir aquí.

(Toma un jarrón de la chimenea y lo coloca sobre la mesa. Samuel escribe tres nombres y echa los papeles.)

E chi viene?

Tu? ...

¿Quién viene?...
(Entra Amelia.)
¡Tú? ...

AMELIA
V'è Oscarre che porta
Un invito del conte.

353.   Está aquí Óscar.
         Trae una invitación del Conde.

RENATO
Di lui! ...
Che m'aspetti.

E tu resta, lo dei:
Poi che parmi che il cielo t'ha scorta.

(Encolerizado)
354.   ¡De él! ...
         ¡Que espere!
         (A Amelia)
         Y tú, quédate aquí:
         Pues parece que el cielo te ha elegido.

AMELIA
Qual tristezza m'assale, qual pena!
Qual terribile lampo balena!

(Aparte)
355.   ¡Qué tristeza me embarga, qué pena!
         ¡Qué terrible rayo me amenaza!

RENATO
Nulla sa: non temete. Costei
Esser debbe anzi l'auspice lieto.

V'ha tre nomi in quell'urna: un ne tragga
L'innocente tua mano.

(Señalando a su mujer.)
356.   No sabe nada, no temáis. Más bien
         ella será el favorable augur.
         (A Amelia, llevándola hacia la mesa.)
         En esa urna hay tres nombres:
         tu mano inocente debe sacar uno.

AMELIA
E perchè?

(Temblando)
357. ¿Por qué?

RENATO
Obbedisci: non chieder di più.

(Fulminándola con la mirada.)
358. Obedece, y no hagas preguntas.

AMELIA
Non è dubbio;
il feroce decreto
Mi vuol parte ad un'opra di sangue.

359. No hay duda; con feroz mandato
quiere que tome parte
en una empresa de sangre.

(Saca un papel del jarrón y su marido se lo pasa a Samuel.)

RENATO
Qual è dunque l'eletto?

360. ¿Quién es, pues, el elegido?

SAMUEL
Renato.

(Con pesar)
361. Renato.

RENATO
Il mio nome! O giustizia del fato;
La vendetta mi deleghi tu!

(Exaltado)
362. ¡Mi nombre! ¡Oh, justicia del destino,
en mí delegas tu venganza!

AMELIA
Di Riccardo la morte si vuole!
Non celar le crudeli parole!
Su quel capo snudati dall'ira
I lor ferri scintillano già!

363. ¡Ah! ¡Quieren la muerte del Conde!
¡No lo ocultan sus crueles palabras!
¡Sobre su cabeza, locos de ira,
ya centellean sus aceros!

RENATO, SAMUEL, TOM
Sconterà dell'America il pianto
Lo sleal che ne fece suo vanto.
Se trafisse, soccomba trafitto,
Tal mercede pagata gli va!

364. Expiará el llanto de América
el desleal que de él se jactó.
Si asesinó, que caiga asesinado.
¡Debe pagar ese precio!

RENATO
Il messaggio entri.

(En la puerta)
365. Que entre el mensajero.
(Entra Óscar.)

OSCAR
Alle danze questa sera, se gradite,
Con lo sposo, il mio signore
Vi desidera...

(Hacia Amelia)
366. Al baile de esta noche, si os place,
con vuestro esposo, mi señor
os invita...

AMELIA
Nol posso.

(Turbada)
367. No puedo.

RENATO
Anche il conte vi sarà?

OSCAR
Certo.

SAMUEL, TOM
O sorte!

RENATO
Tanto invito
so che valga.

OSCAR
È un ballo in maschera
Splendidissimo!

RENATO
Benissimo!

Ella meco interverrà.

AMELIA
Gran Dio!

SAMUEL, TOM
E noi pur, se da quell'abito
Più spedito il colpo va.

OSCAR
Ah! di che fulgor, che musiche
Esulteran le soglie,
Ove di tante giovani
Bellezze il fior s'accoglie,
Di quante altrice palpita
Questa gentil città!

AMELIA
Ed io medesma, io misera,
Lo scritto inesorato
Trassi dall'urna complice,
Pel mio consorte irato:
Su cui del cor più nobile
Ferma la morte sta.

368. ¿Estará también el Conde?

369. Ciertamente.

(Entre sí)
370. ¡Oh, qué suerte!

(Al paje, mirando a sus compañeros.)
371. Aprecio en lo que vale
semejante invitación.

372. Es un baile de máscaras,
¡una espléndida fiesta!

(Aparte)
373. ¡Muy bien!
(Señalando a Amelia)
Ella vendrá conmigo.

374. ¡Gran Dios!

(Aparte)
375. Y nosotros también,
pues el disfraz facilitará el golpe.

376. ¡Ah, con qué fulgor, con qué música
exultarán las salas,
en las que se acogerá
la belleza en flor de tantas jóvenes,
como las que, altivas,
hacen palpitar a esta gentil ciudad!

(Aparte)
377. Y yo misma, pobre de mí,
saqué de la urna cómplice,
la inexorable sentencia,
para mí airado esposo:
en ella está escrita
la muerte del más noble corazón.

RENATO
Là fra le danze esanime
La mente mia sel pinge...
Ove del proprio sangue
Il pavimento tinge.
Spira, dator d'infamie,
Senza trovar pietà.

SAMUEL, TOM
Una vendetta in domino
È ciò che torna all'uopo.
Fra l'urto delle maschere
Non fallirà lo scopo;
Sarà una danza funebre
Con pallide beltà.

OSCAR
Di che fulgor, che musiche...

RENATO
Là, fra le danze...

AMELIA
Prevenirlo potessi,
e non tradir lo sposo mio!

OSCAR
Regina della festa sarete.

AMELIA
Forse potrallo Ulrica...

SAMUEL, TOM
E qual costume indosserem?

RENATO
Azzurra la veste, e da vermiglio
Nastro le ciarpe al manco lato attorte.

SAMUEL, TOM
E qual accento a ravvisarci?

RENATO
«Morte!»

378. *(Aparte)*
Allí, entre las danzas, exánime
mi mente lo imagina...
Donde con su propia sangre
el suelo teñirá.
El causante de la infamia morirá
sin encontrar piedad.

379. *(Entre sí)*
Una venganza encubierta
es lo que se necesita.
Entre la multitud de las máscaras
el golpe no fallará;
será una danza fúnebre
con pálidas beldades.

380. Con qué fulgor, con qué música...

381. Allí, entre las danzas...

382. *(Aparte)*
¡Si pudiera prevenirlo,
sin traicionar a mi esposo!

383. Seréis la reina de la fiesta.

384. *(Aparte)*
Quizás Ulrica podría hacerlo...

(En tanto Renato, Samuel y Tom se apartan a un lado.)

385. ¿Y qué traje nos pondremos?

386. Una vestimenta azul, y de cinta roja
la chalina atada del lado izquierdo.

387. ¿Y cuál será la contraseña?

388. *(En voz baja)*
«¡Muerte!»

AMELIA

Prevenirlo potessi!

389. ¡Si pudiera prevenirle!

OSCAR

Regina sarete!

390. ¡Seréis la reina!

RENATO, SAMUEL, TOM

Morte!

391. ¡Muerte!

ESCENA 2

Gabinete del Conde. Mesa con útiles de escritura; gran cortinaje, que más tarde descubrirá el baile.

RICARDO   (Solo)

Forse la soglia attinse,   392. Quizás ella logró ya la paz.
E posa alfin. L'onore   El honor y el deber han abierto
Ed il dover fra i nostri petti han rotto   un abismo en nuestros corazones.
L'abisso. Ah, sì, Renato   Renato volverá a ver Inglaterra...
Rivedrà l'Inghilterra... e la sua sposa   y su esposa lo seguirá.
Lo seguirà Senza un addio, l'immenso   Que el inmenso océano nos separe...
Mar ne separi... e taccia il core.   y acalle nuestro corazón.

(Escribe, y en el momento de firmar deja caer la pluma.)

Esito ancor? ma, o ciel, non lo degg'io?   ¿Dudo aún? Pero... ¿no debo hacerlo?

(Firma y se guarda el papel.)

Ah, l'ho segnato il sacrifizio mio!   ¡Ah, ya he firmado mi sacrificio!
Ma se m'è forza perderti   Pero si es forzoso que te pierda
Per sempre, o luce mia,   para siempre, oh luz mía,
A te verrà il mio palpito   hasta a ti llegarán mis latidos
Sotto qual ciel tu sia.   bajo cualquier cielo que estés,
Chiusa la tua memoria   encerrado tu recuerdo
Nell'intimo del cor.   en lo más íntimo del corazón.
Ed or qual reo presagio   Y ahora, ¿qué aciago presagio
Lo spirito m'assale,   me asalta el espíritu,
Che il rivederti annunzia   que el volver a verte anuncia,
Quasi un desio fatale...   casi un deseo fatal...
Come se fosse l'ultima   como si fuera la última
Ora del nostro amor?   hora de nuestro amor?

(Música desde dentro.)

Ah! dessa è là...   ¡Ah! Ella está allí...
potrei vederla... ancora   podría volver a verla...
Riparlarle potrei...   podría hablarle otra vez...
Ma no: ché tutto or mi strappa da lei.   Pero no: todo ahora me separa de ella.

57

(Entra Óscar con una carta.)

OSCAR

Ignota donna
questo foglio diemmi.
«È pel Conte, diss'ella»; a lui lo reca
«E di celato.»

393. Una mujer desconocida
me dio este papel.
«Es para el Conde», dijo;
«llévaselo a él y en secreto».

(Ricardo lee el papel.)

RICARDO

(Una vez leído.)

Che nel ballo alcuno
Alla mia vita attenterà, sta detto.
Ma se m'arresto, ch'io pavento diran.
Nol vo': nessuno
Pur sospettarlo de'.

394. Dice que en el baile alguien
atentará contra mi vida.
Pero si no voy dirán que tengo miedo.
No quiero:
nadie debe sospecharlo.

(A Óscar)

Tu va: t'appresta,
E ratto per gioir meco alla festa.

Tú ve, prepárate rápido,
para disfrutar conmigo en la fiesta.

(Óscar sale; Ricardo, solo, exclama vivamente.)

Sì, rivederti, Amelia,
E nella tua beltà,
Anco una volta l'anima
D'amor mi brillerà.

Sí, volver a verte, Amelia,
y en tu belleza,
una vez más en el alma
me brillará el amor.

ESCENA 3

(Una rica sala de baile.
Alegres músicas preludian las danzas, y al abrirse las cortinas una multitud de invitados llena ya la escena.
La mayor parte lleva máscaras. Los sirvientes son negros, y todo exhala magnificencia e hilaridad.)

INVITADOS

Fervono amori e danze
Nelle felici stanze,
Onde la vita è solo
Un sogno lusinghier.
Notte de' cari istanti,
De' palpiti e de' canti,
Perché non fermi 'l volo
Sull'onda del piacer?

395. Bullen amores y danzas
en las felices estancias,
donde la vida es sólo
un sueño halagador.
Noche de dulces instantes,
de latidos y de cantos,
¿por qué no detienes tu vuelo
sobre la ola del placer?

(Samuel, Tom y sus secuaces en dominó azul con la faja roja.
Renato, con el mismo traje, se adelanta lentamente.)

SAMUEL
Altro de' nostri è questo.

«Morte!»

RENATO
Sì, morte!
Ma non verrà.

SAMUEL, TOM
Che parli?

RENATO
Qui l'aspettarlo è vano.

SAMUEL
Come?

TOM
Perché?

RENATO
Vi basti saperlo altrove.

SAMUEL
O sorte ingannatrice!

TOM
Sempre ne sfuggirà di mano!

RENATO
Parlate basso;
alcuno lo sguardo a noi fermò.

SAMUEL
E chi?

RENATO
Quello a sinistra
dal breve domino.

(Se separan, pero Renato es seguido por Óscar, enmascarado.)

OSCAR
Più non ti lascio, o maschera;
mal ti nascondi.

(Mostrando Renato a Tom)
396. Ese es otro de los nuestros.
(Acercándose a Renato, en voz baja.)
«Muerte»

(Amargamente)
397. ¡Sí, muerte!
Pero no vendrá.

398. ¿Qué dices?

399. Es vano esperarle aquí.

400. ¿Cómo?

401. ¿Por qué?

402. Os baste saber que está en otra parte.

403. ¡Oh, suerte engañadora!

(Encolerizado)
404. ¡Siempre se nos escapa de las manos!

405. Hablad en voz baja;
alguien se ha fijado en nosotros.

406. ¿Quién?

407. Aquel de la izquierda,
de dominó cortó.

(A Renato)
408. Ya no te dejaré, máscara;
te escondes muy mal.

RENATO
Eh via!

OSCAR
Tu se' Renato.

RENATO
E Oscarre tu sei.

OSCAR
Qual villania!

RENATO
Ma bravo,
e ti par dunque convenienza questa
Che mentre il sire dorme,
tu scivoli alla festa?

OSCAR
Il re è qui...

RENATO
Che! ... dove?

OSCAR
L'ho detto...

RENATO
Ebben! ... qual è?

OSCAR
Non vel dirò! ...

RENATO
Gran cosa!

OSCAR
Cercatelo da voi.

RENATO
Orsù!

OSCAR
È per fargli il tiro
che regalaste a me?

(Esquivándole)
409. ¡Eh, vete!

(Con vivacidad)
410. Tú eres Renato.

(Arracándole la máscara a Óscar)
411. Y tú Óscar.

412. ¡Qué grosería!

413. ¡Muy bien!
¿Y a ti te parece correcto
que mientras el Conde duerme,
tú te escapas a la fiesta?

414. El Conde está aquí...

(Sorprendido)
415. ¿Qué? ... ¿Dónde?

416. Ya lo he dicho...

417. ¡Bien! ... ¿Quién es?

418. ¡No os lo diré! ...

419. ¡Vaya tontería!

(Dándole la espalda)
420. Buscadle vos mismo.

(Amistosamente)
421. ¡Vamos!

422. ¿Es para hacerle
la misma mala pasada que a mí?

RENATO

Via, cálmati:
almen dirmi del suo costume puoi?

423. Vamos, cálmate:
¿podrías decirme de qué va disfrazado?

OSCAR

(Bromeando)

Saper vorreste
Di che si veste,
Quando l'è cosa
Ch'ei vuol nascosa.
Oscar lo sa,
Ma nol dirà,
Tra là là là là
Là là là là.
Pieno d'amor
Mi balza il cor,
Ma pur discreto
Serba il segreto.
Nol rapirà
Grado o beltà,
Trà là là là
Là là là là.

424. Saber quisierais
de qué se viste,
cuando esa es cosa
que él quiere ocultar.
Óscar lo sabe,
pero no lo dirá,
Tra, la, la, la,
La, la, la, la.
Lleno de amor
me brinca el corazón,
pero, discreto,
mantiene el secreto.
No se lo arrebatará
ni cargo ni beldad,
Tra, la, la, la,
La, la, la, la.

(Grupos de máscaras y parejas que danzan pasan por delante de la escena y separan a Óscar de Renato.)

INVITADOS

Fervono amori e danze
Nelle felici stanze,
Onde la vita è solo
Un sogno lusinghier.

425. Bullen amores y danzas
en las felices estancias,
donde la vida es sólo
un sueño halagador.

RENATO

(Alcanzándole de nuevo)

So che tu sai distinguere
gli amici suoi.

426. Sé que tú sabes distinguir
a sus amigos.

OSCAR

V'alletta interrogarlo,
e forse celiar con esso un po'?

427. ¿Deseas interrogarle,
y quizás bromear un poco con él?

RENATO

Appunto.

428. Justamente.

OSCAR

E compromettere di poi
chi ve l'ha detto?

429. ¿Y luego comprometer
a quien os lo ha dicho?

RENATO

M'offendi.
È confidenza
che quanto importi so.

430. Me ofendes.
Sé muy bien cuánto
vale una confidencia.

OSCAR

Vi preme assai?

431. ¿Es muy urgente?

RENATO

Degg'io di gravi cose ad esso,
Pria che la notte inoltri, qui favellar.
Su te farò cader la colpa,
se non mi fia concesso.

432. Debo hablar con él, aquí,
de graves cosas.
Sobre ti haré caer la culpa,
si no me lo facilitas.

OSCAR

Dunque...

433. Pues...

RENATO

Fai grazia a lui,
se parli, e non a me.

434. Si hablas,
le haces un favor a él, no a mí.

OSCAR

Veste una cappa nera,
con roseo nastro al petto.

(Más de cerca y rápidamente)
435. Viste una capa negra,
con una cinta rosa en el pecho.

(Empieza a alejarse.)

RENATO

Una parola ancora.

436. Todavía una palabra más.

OSCAR

Più che abbastanza ho detto.

(Escabulléndose entre la multitud)
437. Ya he dicho más que suficiente.

INVITADOS

Fervono amori e danze...

438. Bullen amores y danzas...

(Los danzarines se entrecruzan en el proscenio;
Renato ve a lo lejos a uno de los suyos y desaparece en esa dirección.
Poco después, aparece Ricardo, en dominó negro con una cinta rosa y detrás de él Amelia en dominó blanco.)

AMELIA

Ah! perchè qui! fuggite...

(En voz baja, de forma que no sea reconocida.)
439. ¡Ah! ¿Por qué estáis aquí? ¡Huid! ...

RICARDO

Sei quella dello scritto?

440. ¿Eres la del escrito?

AMELIA

La morte qui v'accerchia...

441.   Aquí os espera la muerte...

RICARDO

Non penetra nel mio petto il terror.

442.   El miedo no penetra en mi pecho.

AMELIA

Fuggite, fuggite,
o che trafitto cadrete qui!

443.   ¡Huid, huid, o aquí
caeréis herido de muerte!

RICARDO

Rivelami il nome tuo.

444.   Revélame tu nombre.

AMELIA

Gran Dio! Nol posso.

445.   ¡Gran Dios! No puedo.

RICARDO

E perchè piangi...
mi supplichi atterrita?
Onde cotanta senti pietà della mia vita?

446.   ¿Y por qué lloras...
y me suplicas aterrorizada?
¿A qué se debe tanta piedad?

AMELIA

Tutto, per essa, tutto il sangue mio darei!

(Entre sollozos que revelan su verdadera voz.)
447.   ¡Por tu vida daría toda mi sangre!

RICARDO

Invan ti celi,
Amelia: quell'angelo tu sei!

448.   En vano te ocultas,
Amelia: ¡ese ángel eres tú!

AMELIA

T'amo, sì, t'amo, e in lagrime
A' piedi tuoi m'atterro,
Ove t'anela incognito
Della vendetta il ferro.
Cadavere domani
Sarai sei qui rimani:
Salvati, va, mi lascia,
Fuggi dall'odio lor.

(Con desesperación)
449.   Te amo y bañada en lágrimas
a tu pies me postro,
en el mismo lugar donde escondido,
te aguarda el acero de la venganza.
Mañana serás un cadáver
si aquí te quedas.
¡Sálvate, vete, déjame,
huye de su odio!

RICARDO

Sin che tu m'ami, Amelia,
Non curo il fato mio,
Non ho che te nell'anima,
E l'universo oblio.

450.   Desde que tú me amas, Amelia,
no me preocupa mi destino,
sólo a ti tengo en mi alma,
y al universo olvido.

RICARDO (*continuato*)
Né so temer la morte,
Perché di lei più forte
È l'aura che m'inebria
Del tuo divino amor.

AMELIA
Dunque vedermi vuoi
D'affanno morta e di vergogna?

RICARDO
Salva ti vo'.
Domani con Renato andrai...

AMELIA
Dove?

RICARDO
Al natio tuo cielo.

AMELIA
In Inghilterra!

RICARDO
Mi schianto il cor...
ma partirai... ma, addio.

AMELIA
Riccardo!

RICARDO
Ti lascio, Amelia!

AMELIA
Riccardo!

RICARDO

Anco una volta addio!

AMELIA
Ahimè!

RICARDO
L'ultima volta, addio!

(*continuó*)
No sé temer a la muerte,
porque más fuerte que ella,
es el aura que me embriaga
de tu divino amor.

451. ¿Quieres, entonces, verme
muerta de angustia y vergüenza?

452. ¡Quiero salvarte!
Mañana con Renato partirás...

453. ¿A dónde?

454. A tu cielo natal.

455. ¡A Inglaterra!

456. Se me rompe el corazón...
pero partirás... adiós.

457. ¡Ricardo!

458. ¡Te dejo Amelia!

459. ¡Ricardo!

460. (*Se aparta, pero después de pocos pasos vuelve a ella apasionadamente.*)
¡Una vez más, adiós!

461. ¡Ay de mí!

462. ¡Por última vez, adiós!

AMELIA, RICARDO
Addio!

463. ¡Adiós!

RENATO

E tu ricevi il mio!

464. *(Lanzándose inadvertidamente entre ellos, apuñala a Ricardo.)*
¡Y tú recibe el mío!

RICARDO
Ahimè!

465. ¡Ay!

AMELIA
Soccorso!

466. *(Con un grito)*
¡Socorro!

OSCAR
O ciel!
Ei trucidato!

467. *(Corriendo hacia él)*
¡Oh, cielos!
¡Ha sido asesinado!

(Acuden de todas partes Damas, Oficiales y Guardias.)

INVITADOS
Da chi?

468. ¿Por quién?

OTROS
Dov'è l'infame?

469. ¿Dónde está el infame?

OSCAR
Eccol! ...

470. *(Señalando a Renato)*
¡Ese es!

(Todos lo rodean y le arrancan la máscara.)

AMELIA, OSCAR, CORO
Renato!

471. ¡Renato!

INVITADOS
Ah! Morte, infamia,
Sul traditor!
L'acciaro lo laceri Vendicator!

472. ¡Ah! ¡Muerte, infamia,
sobre el traidor!
¡Que lo desgarre el acero vengador!

RICARDO
No, no... lasciatelo.

Tu... m'odi ancor.
Ella è pura,
in braccio a morte
Te lo giuro, Iddio m'ascolta;
Io che amai la tua consorte
Rispettato ho il suo candor.

473. No, no... Dejadle.
(A Renato)
Óyeme todavía.
Ella es pura:
en los brazos de la muerte te lo juro,
Dios me escucha:
yo, que he amado a tu esposa,
he respetado su candor.

RICARDO (*continuato*)

A novello incarco asceso
Tu con lei partir dovevi . . .
Io l'amai, ma volli illeso
Il tuo nome ed il suo cor!

AMELIA

O rimorsi dell'amor
Che divorano il mio cor,
Fra un colpevole che sanguina
E la vittima che muor!

OSCAR

O dolor senza misura,
O terribile sventura!
La sua fronte è tutta rorida
Già dell'ultimo sudor!

RENATO

Ciel! Che feci!
e che m'aspetta
Esecrato sulla terra! . . .
Di qual sangue e qual vendetta
M'assetò l'infausto error!

RICARDO

Grazia a ognun; signor qui sono:
Tutti assolve il mio perdono.

(Samuel y Tom ocupan siempre el fondo de la escena.)

TODOS

Cor sì grande e generoso
Tu ci serba,
o Dio pietoso:
Raggio in terra a noi miserrimi
È del tuo celeste amor!

RICARDO

Addio per sempre, miei figli...

**AMELIA, OSCAR, RENATO
SAMUEL, TOM**

Ei muore!

(continuó)
(Le da el papel.)
Ascendido a un nuevo cargo
con ella debías partir...
¡Yo la amé, pero quise conservar
ilesos tu nombre y su corazón!

474. ¡Oh, remordimientos de amor
que devoran mi corazón,
entre un culpable manchado de sangre
y la víctima que muere!

475. ¡Oh, dolor sin medida,
oh, terrible desventura!
¡Su frente está ya rociada
con el último sudor!

476. ¡Cielos! ¿Qué he hecho?
¡Y qué me espera
execrado sobre la tierra! ...
¡De qué sangre y de qué venganza
me dio sed el infausto error!

477. Perdón para todos; aquí soy el señor:
a todos absuelve mi perdón.

478. Consérvanos, oh Dios piadoso,
un corazón tan grande y generoso:
¡Él es un rayo en la tierra,
para nosotros miserables,
de tu celeste amor!

479. Adiós para siempre, hijos míos...

480.
¡Se muere!

RICARDO

Addio... diletta América...
Addio... miei figli... per sempre...
Ah! ... Ohimè! ... Io moro! ...
Miei figli... Per sem... Addio.

481. Adiós... querida América...
Adiós... para siempre... hijos míos.
¡Ay de mí! ... ¡Me muero! ...
Hijos míos... Para siempre... Adiós.

(Ricardo cae y expira.)

TODOS

Notte d'orror!

482. ¡Noche de horror!

FIN

Biografía de Giuseppe Verdi

Giuseppe Verdi nació en el seno de una familia muy modesta, el 10 de Octubre de 1813 en una pequeña población llamada Le Roncole perteneciente al Ducado de Parma en el norte de Italia, en ese entonces bajo el dominio de Napoleón.

Verdi contó desde muy joven con la protección de Antonio Barezzi, un comerciante de Busseto, pueblo vecino a Le Roncole, quien creyó en el potencial musical del joven. Gracias a su apoyo, Verdi pudo desplazarse a Milán con la intención de ingresar como estudiante al Conservatorio cosa que no logró debido a obstáculos burocráticos.

Durante 18 meses de la educación musical de Verdi, en Milán, quien se desempeñó en forma brillante como estudiante.

Sin embargo, por recomendación de Antonio Barezzi, el maestro Vincenzo Lavigna se hizo cargo durante 18 meses de la educación musical de Verdi, en Milán, quien se desempeñó en forma brillante como estudiante.

El 4 de Mayo de 1836, Verdi y Margherita, hija de Antonio Barezzi contrajeron nupcias, ambos tenían 23 años. El 23 de Marzo de 1837, Margherita dio a luz una niña que fue bautizada con el nombre de Virginia Maria Luigia.

En 1836, Verdi fue nombrado Maestro de Música de Busseto y un año después, en Milán, estrenó su primera ópera *Oberto Conte di San Bonifacio* que resultó todo un éxito y le procuró un contrato con el Teatro alla Scala. El 11 de Julio de 1836 nació el segundo hijo de Margherita, lo llamaron Icilio, Romano, Carlo, Antonio.

En 1840, comenzaron las desgracias en la vida de Verdi, primero enfermó su hijo y falleció, pocos días después, la niña también enfermó gravemente y murió y por último en los primeros días de Junio, Margherita contrajo la encefalitis y también falleció.

Todo esto sumió a Verdi en una profunda depresión que estuvo a punto de hacerlo abandonar su carrera musical. En esos días Ricordi su editor, le mostró el libreto de *Nabucco* que le devolvió su interés por la composición.

El 9 de Marzo de 1842 Verdi estrenó *Nabucco* en el Teatro alla Scala, el estreno constituyó un gran éxito y fue su consagración como compositor.

Durante los ensayos de *Nabucco*, Verdi conoció a Giuseppina Strepponi la protagonista de la ópera, que se convirtió en su pareja y con quien se casó en 1859 y vivió con ella hasta 1897 año en que ella murió.

Verdi escribió un total de 27 óperas, una misa de *Requiem*, un *Te Deum*, el *Himno de las Naciones*, obras para piano, para flauta, y otras obras sacras.

Verdi dejó su cuantiosa fortuna para el establecimiento de una casa de reposo para músicos jubilados que llevaría por nombre La Casa Verdi, en Milán que es en donde se encuentra enterrado junto con Giuseppina.

Verdi falleció en Milán, de un derrame cerebral el 27 de Enero de 1901 a los 88 años de edad. Su entierro causó una gran conmoción popular y al paso del cortejo fúnebre el público entonó el coro de los esclavos de *Nabucco* "*Va pensiero sull ali dorate.*"

Óperas de Verdi

Aida	*La Battaglia di Legnano*
Alzira	*La Forza del Destino*
Attila	*La Traviata*
Don Carlo	*Luisa Miller*
Ernani	*Macbeth*
Falstaff	*Nabucco*
Giovanna D'Arco	*Oberto Conte di San Bonifacio*
I Due Foscari	*Otello*
I Lombardi	*Rigoletto*
I Masnadieri	*Simon Boccanegra*
I Vespri Siciliani	*Stiffelio*
Il Corsaro	*Un Ballo in Maschera*
Il Re Lear	*Un Giorno de Regno*
Il Trovatore	

Acerca de Estas Traducciones

El Dr. Eduardo Enrique Prado Alcalá nació en 1937 en el norte de México, estudió la carrera de medicina y se especializó en cáncer ginecológico y cáncer de mama.

Ejerció su carrera durante 40 años y finalmente llegó a la edad del retiro.

Desde la edad de 42 años, se hizo aficionado a la ópera y a la música clásica y formó parte de un grupo de amigos aficionados a estas disciplinas. Tuvo la oportunidad de asistir a funciones operísticas en la Ciudad de México, en Guadalajara México, en Toluca México, en Mazatlán México, en Seattle, en Madrid y en Londres. Organizó en la Ciudad de Mazatlán tres conciertos de música clásica, uno de ellos en la catedral.

Jugum Press y Ópera en Español

Prensa publica estas traducciones de ópera por Dr. E.Enrique Prado:

Vincenzo Bellini:
Norma

Georges Bizet:
Carmen

Gaetano Donizetti:
Anna Bolena, Don Pasquale, Lucia di Lammermoor,
Lucrezia Borgia

Ruggero Leoncavallo:
I Pagliacci

Pietro Mascagni:
Cavalleria Rusticana

Wolfgang Amadeus Mozart:
Die Zauberflöte, Don Giovanni, Le Nozze di Figaro

Giacomo Puccini:
La Boheme, La Fanciulla del West, Madama Butterfly, Manon Lescaut, Tosca
El Tríptico: Gianni Schicchi, Suor Angelica, Il Tabarro

Giacchino Rossini:
Il Barbiere Di Siviglia, La Cenerentola

Giuseppe Verdi:
Aida, Un Ballo in Maschera, Don Carlo, Ernani, Falstaff, La Forza del Destino, I Lombardi,
Macbeth, Nabucco, Otello, Rigoletto, Simon Boccanegra, La Traviata, Il Trovatore

Para información y disponibilidad, por favor vea
www.operaenespanol.com
Correo: JugumPress@outlook.com
Síganos en Twitter: @jugumpress
Regístrate para nuestras noticias: http://eepurl.com/5m7tj